Ullstein

ÜBER DAS BUCH

Über die Männer ist viel, aber noch längst nicht alles geschrieben worden. Deshalb hat Ela M. eine umfassende Abhandlung über die süßen Jungs geschrieben, die den Umgang mit jenem merkwürdigen Wesen namens Mann beleuchtet.
Eine Einteilung in die unterschiedlichen Typen, das Erforschen der Ursachen für ihr Verstörtsein, Therapieansätze und Tips zur Vermeidung der schlimmsten Dinge – das gesamte Feld wird aufgerollt. Ela M. möchte allen Frauen im Umgang mit den Männern Mut machen. Vor allem aber rät sie, die Herren der Schöpfung nicht zu ernst zu nehmen! Natürlich steht der Humor wie immer im Mittelpunkt.

DIE AUTORIN

Ela M. alias Michaela Marwich und die Männer – eine unendliche Geschichte.
Im Rheinland und in Holland aufgewachsen, hat sie in der Friseurbranche, als Model und in verschiedenen Industrieunternehmen gearbeitet. Dadurch umschwirrten sie im Laufe der Jahre jede Menge Männer wie Motten das Licht. Diesem Umstand verdanken wir es, daß sie die Gelegenheit hatte, die unterschiedlichsten Männertypen kennenzulernen, und diese Erfahrungen in ihrem neuen Buch verarbeitet.

Ela M.

NIE MEHR WIEDER – ODER DOCH?

Der Mann, das unbekannte Wesen

Ullstein

Ullstein Buchverlage GmbH & Co. KG
Berlin
Taschenbuchnummer: 35762

Originalausgabe
Mai 1998

Umschlagentwurf:
Christof Berndt & Simone Fischer
Illustration: Silvia Christoph

Printed in Germany 1998
Gesamtherstellung:
Ebner Ulm
ISBN 3 548 35762 8

Die Deutsche Bibliothek
CIP-Einheitsaufnahme

M., Ela:
Nie mehr wieder – oder doch? : der Mann, das unbekannte Wesen/
Ela M. – Orig.-Ausg. – Berlin : Ullstein,1998
(Ullstein-Buch ; Nr. 35672)
ISBN 3-548-35762-8

DIESES BUCH WIDME ICH

all den verstrahlten Jungs,
die es mir ermöglicht haben,
diesen großen Erfahrungsschatz
in puncto Männer zu sammeln,
um dieses Buch zu schreiben.

Ich danke euch allen ganz herzlich!

Mit bestem Dank

an all meine Freundinnen,
die mich an ihren Erfahrungen
mit jenen seltsamen Wesen namens Mann
haben teilnehmen lassen,
um diesen bunten Männerreigen
noch farbiger werden zu lassen –

und an Uwe,
der mir den Glauben an die Männer
zumindest teilweise wiedergeben konnte.

Inhalt

»Lieber Gott, mach mich blind, damit ich Männer klasse find'!«

Meine Heilpraktikerin über das angebliche Lieblingsthema aller Frauen

Vorwort

Die Erfindung des Mannes

Adam, das erste Geschöpf namens Mann, mußte angeblich eine Rippe opfern, damit daraus die Frau geschaffen werden konnte. Wenn man bedenkt, wie wehleidig die Knaben bereits bei einer kleinen Erkältung sind, mag man dies stark bezweifeln.

Die Bibel berichtet weiterhin, daß Eva den armen Kerl dazu verführt haben soll, den verbotenen Apfel zu essen, und damit fing der ganze Ärger erst richtig an.

Nun ja, soweit die biblische Version, die bereits zwei Dinge deutlich macht:

1) nicht jedem bekommt es, Obst zu essen,

2) schon damals war die Kommunikation zwischen Mann und Frau schwierig.

Die Wissenschaft sieht das ein wenig anders. Nachdem nun jahrelang Ruhe an der Sexfront der Biologen herrschte, die sich mit der Entstehung und Entwicklung des Lebens beschäftigen, ist in jüngster Zeit wieder Bewegung in die Reihen geraten. Raffinierte Computersimulationen und neue Methoden der Molekularbiologie haben vor allem jungen Forschern neue Erkenntnisse gebracht. Ihre Ideen sind nicht gerade ermutigend für jenen Teil der Menschheit, dessen Selbstbewußtsein vor allem am Mannsein hängt.

Neueste Forschungen behaupten, daß die weibliche Eizelle sich prinzipiell auch ohne männliche Zutaten entwickeln kann. So wie zum Beispiel bei manchen Eidechsenarten, bei denen die Eizelle tatsächlich auch ohne Samen gedeiht.

Bereits im Jahre 1910 brachte der französische Biologe E. Bataillon Froscheier lediglich durch Anstechen mit einer Nadel zur Befruchtung – ohne Sperma also!

Degradiert zu nützlichen Lieferanten von Erbmaterial, zu Überbleibseln einer aus dem Ruder gelaufenen Evolution und biologisch womöglich völlig überflüssig, müssen sich Machos, Karnevalsprinzen und auch der nette Nachbar von nebenan die Frage gefallen lassen: Ist der Mann vielleicht doch ein Fehlgriff der Natur?

Warum – so mag nun wohl so mancher Phallusträger grübeln – steht nicht gleichberechtigt auch das andere Geschlecht zur Diskussion?

Nun, ich könnte hierzu einiges sagen, aber das würde den Rahmen sprengen. Belassen wir es bei der Äußerung eines amerikanischen Evolutionsforschers, die mir heruntergeht wie selbstgekochter Schokoladenpudding:

»Alle Erkenntnisse, die wir in der letzten Zeit sammeln konnten, lassen den Schluß zu, daß das Weibliche als kontinuierlich und ursprünglich angesehen werden muß!«

Ach, meine Lieben, klingt das nicht wie Musik in unseren Ohren?

Doch ganz gleich, welcher Entstehungstheorie man glauben mag, eines jedenfalls steht fest: Bei der Erfindung des Mannes muß einiges schiefgelaufen sein, und zwar recht gründlich. Warum sonst sollten die Jungs so verdreht, verstrahlt und schwierig sein und uns süßen Mädels das Leben oftmals versauern? Wo man auch hinhört, die Kerle machen einem nichts als Ärger. Beziehungsängste, Konflikte, gebrochene Herzen – es ist zum Verzweifeln!

Jedesmal aufs neue, wenn sich eine meiner Freundinnen bei mir in puncto Herzensangelegenheiten ausheult, steigt diese unsägliche Wut wieder in mir hoch.

Was ist eigentlich los mit den Jungs? Warum ist es so schwierig, mit ihnen klarzukommen? Sprechen Frauen und Männer vielleicht verschiedene Sprachen? Können die Geschlechter überhaupt miteinander auskommen?

All diesen Fragen möchte ich in diesem Buch auf den Grund gehen. Gespickt mit den besten Anekdoten – selbsterlebten und solchen von Freundinnen – stelle ich Ihnen die unterschiedlichsten Männertypen vor.

Woran erkennt man sie, wo liegen die Gründe für ihre Schäden, lohnt sich der Versuch, Männer zu therapieren, gibt es Chancen für glückliche Beziehungen, und – wenn ja – wie lautet das Geheimrezept?

Bei meinen Recherchen für dieses Buch haben mir unsere Geschlechtsgenossinnen ganze Bände über die Jungs diktiert – ich glaube, es wurde höchste Zeit, diese Sammlung einmal für die Nachwelt festzuhalten.

Vielleicht schöpfen Sie ja Trost, neue Ideen und genügend Phantasie daraus, um den Kerlchen einmal zu zeigen, warum sie sich uns gegenüber besser aufführen sollten, als sie es die letzten Jahrhunderte über getan haben.

Sollten Sie allerdings ein noch besseres Patentrezept für den Umgang mit Männern gefunden haben: Lassen Sie es mich bitte umgehend wissen.

Eines jedoch vorab: Nehmen Sie die Kerle niemals zu ernst – ich tu's schon lange nicht mehr!

1. Kapitel
Der Mann, das unbekannte Wesen

»Je mehr Realität oder Sein ein jegliches Ding hat, um so mehr Attribute kommen ihm zu.«
Spinoza (1632–1677)

Die schöpferische Krise

Ein Blick zurück auf die Entwicklung des Lebens auf unserem Heimatplaneten bringt Interessantes zutage: Das meiste Leben ist längst tot!

Mehr als 99 Prozent der im Laufe der Erdgeschichte entstandenen biologischen Arten sind schon lange wieder ausgestorben. Die heute lebenden Spezies lassen die untergegangene Vielfalt allenfalls ahnen.

Nur eine Spezies hat sich bis in die Neuzeit erhalten können: der Mann-Mensch.

»Wie konnte der eigentlich so lange überleben?« fragt sich Tina, meine liebe Freundin und *personal coach* in Sachen Unmoral, des öfteren. »Bei *den* biologischen Anlagen hätte er doch schon längst durch eine andere Rasse ersetzt werden müssen!«

Nun ja, sie hat nun mal eine recht direkte Art, die Dinge beim Namen zu nennen. Aber so unrecht hat sie nicht; denn haben wir uns nicht alle schon mehrmals gewundert, was mit den Jungs eigentlich los ist?

Wenn ich Sie nun frage, ob auch Sie so Ihre Erfahrungen mit den lieblichen Knaben gemacht haben, werden Sie selbst wahrscheinlich ganze Bände über diese Thematik schreiben können. So wie meine Freundin Ilona, die mir vor einiger Zeit Dinge zu berichten hatte, die mich alles andere als erfreuten. Völlig aufgelöst stand sie vor mir: »Stell dir mal vor, Ela, gestern ruft Fred mich an und macht nach einem Jahr glücklicher Beziehung einfach Schluß. Und weißt du, warum? Weil er so viel Glück einfach nicht mehr länger aushalten würde. Der Kerl ist wohl völlig durchgeknallt!«

»Die sind doch alle verstrahlt.« Dieser Meinung ist jedenfalls meine Freundin Yasmeen schon seit mindestens zwanzig Jahren, und es hat sich bislang auch noch kein Traummann gefunden, der sie davon abbringen konnte.

Was ist eigentlich los mit den Jungs unserer Zeit? Ist noch Hoffnung für diese Spezies? Oder müssen wir als Frauen anfangen, uns ernsthafte Sorgen um sie zu machen – und damit letztendlich auch um uns?

Nun, ich neige dazu, folgender Theorie Glauben zu schenken: Zu dem Zeitpunkt, als der Mann erschaffen wurde, herrschte gerade eine schöpferische Krise. Das ist zwar auch nicht gerade tröstlich, aber ich denke jedesmal wieder daran, wenn ich mir so ein Stück Mann betrachte – was mir übrigens in den seltensten Fällen ein Lächeln auf meine wundervollen Lippen zaubert! Und das, obwohl wir Frauen ja angeblich den ganzen Tag an nichts anderes denken als an Männer (und die Erde ist eine Scheibe).

Wie Sie diesem Buch unschwer anmerken werden, bin ich ein großer Fan von allen News, die von der wissenschaftlichen Front kommen. Obwohl es seit kurzem verboten ist, findet das Thema *Klonen* mein ganz besonderes Interesse, läßt es uns doch immer noch darauf hoffen, daß es schon bald möglich sein wird, uns einen Traummann nach unseren Wünschen und genetisch festgelegten Vorbedingungen zu erschaffen.

Meine Freundin Ester ist jedenfalls schon ganz zitterig bei dem Gedanken, wie der Knabe dann aussehen wird – besonders an gewissen Stellen, von denen sie nur hinter vorgehaltener Hand mit mir spricht.

Das ist aber vorerst noch alles Zukunftsmusik. Begnügen wir uns so lange mit den Jungs, die uns im Hier und Jetzt zur Verfügung stehen, und nehmen uns einmal den bunten Reigen von Knaben unter die Lupe, die mir besonders erwähnenswert erschienen.

Ein Kabinett voller Jungs
... und die Ursachen für die Schäden

Im Laufe der Jahre – und es sind mittlerweile einige – sind mir die unterschiedlichsten Männertypen über den Weg gelaufen. Eine kleine Auswahl der besten Exemplare haben meine Freundinnen und ich Ihnen einmal zusammengestellt.

Schon seit Jahren berichten wir uns gegenseitig von unseren Erfahrungen mit den Herren der Schöpfung. Geteiltes Leid ist schließlich halbes Leid!

Obwohl amüsant zu lesen, werden Sie sich eines leisen Kopfschüttelns nicht immer erwehren können. Das ist aber kein Grund zur Besorgnis, sondern im Zusammenhang mit Männern eine ganz normale Reaktion.

Der Frauensammler

Georg war blond und hatte Augen, so blau wie das Meer vor Kreta. In seinem roten MX5 düsten wir durch unsere erste Nacht, die mir wie ein Rausch erschien. Das Essen beim Italiener war besonders umwerfend, und in meinem schwarzen Ledermini tanzte ich bis nachts um halb vier in einer grellen Disco. Die Nacht dauerte bis morgens um sieben, so etwas hatte ich noch nie erlebt. Für Georg war ich von Stund an »die absolute Frau, die Erfüllung all meiner Sehnsüchte und die Fleischwerdung der von mir so begehrten Hitchcock-Blondine«. Das Schlimmste daran war: Ich glaubte ihm den ganzen Quatsch auch noch!

Doch nach zwei Wochen plötzlich: nichts mehr! Kein Anruf, keine Nachricht. Was war passiert?

Er rief mich an. »Du, mir wird das alles zuviel, ich möchte momentan keine Beziehung«, teilte er mir in einem mitleidigen Ton mit.

Im ersten Moment befürchtete ich, einen Hörfehler zu haben, denn ich hatte weder versucht ihn zu binden noch viel von seiner Zeit in Anspruch genommen – in zwei Wochen hatten wir uns gerade dreimal gesehen. Von Beziehung also keine Spur!

Kurze Zeit später kam ich dahinter, was ihm da alles zuviel geworden war. Nein, nicht etwa ich, oder besser gesagt, nicht *nur* ich, sondern auch Peggy, Sabrina, Valeska und wie seine Sammlerobjekte alle hießen.

Wie ich dahintergekommen bin? Nun, Georgs bester Freund ist Zahnarzt, und so beschloß ich ganz kurzfristig, den nächsten Check-up meiner Beißerchen bei ihm machen zu lassen. Daß ich an diesem Tag dieses umwerfend-tiefdekolletierte Kleid von Jean-Paul Gaultier in Apfelgrün trug war kein Zufall. Herr Doktor fand jedenfalls nicht nur meine Zähne in Ordnung, sondern auch mich – und in lauen Nächten horchte ich ihn wundervoll über seinen Spezifreund aus. Im ersten Moment befürchtete ich, meine neue Zahnfüllung würde herausspringen, denn was dem Doc da in schwachen Momenten über die Lippen kam, war schon der Hit. Georg hatte die Zeit wirklich gut genutzt: Was er in zwei Wochen an Frauen sammelte, bekommen andere Männer in zehn Jahren nicht in die Finger.

Nachdem ich mich vom ersten Schreck erholt hatte, stand mein Entschluß fest: Ich setzte mich mit den anderen Sammlerobjekten in Verbindung. Seine neueste Errungenschaft war Marion, eine bildhübsche Brünette, mit der er sich für den nächsten Freitag in seiner Wohnung verabredet hatte. Wir vereinbarten, uns alle dort zu treffen. Da standen wir nun: Peggy, Sabrina, Valeska und die vielen anderen. Man soll gar nicht glauben, wie eng eine 65-Quadratmeter-Wohnung auf einmal sein kann.

Aus dem ansonsten ach so coolen Georg wurde ein sprachloses Wesen. Ich war die erste, die sich zu Wort meldete: »Also, Sweetheart« raunte ich ihm in sein vom Segeln gebräuntes Ohr, »wer von uns kommt denn nun in die Endausscheidung?«

Außer einem stotternden Kauderwelch war allerdings nicht viel aus ihm herauszubekommen, und so ließen wir ihn einfach stehen. Wir machten uns einen schönen Abend in der City und tauschten unsere Erfahrungen in recht anregender Weise aus. Frauen unter sich – einfach herrlich!

Was also ist über den Typ »Frauensammler« zu sagen? Nun, meistens sieht diese Sorte Jungs sehr gut aus oder versteht es, sich gut zurechtzumachen. Auch die Accessoires stimmen: Cabrio, leichte Segelbräune, tolle Wohnung, gute Musik. »Wenn er mich klasse findet und ich ein Teil dieses geschmackvollen Ambientes werde, bin ich glücklich« – so denken wir Frauen oft. Leider vergeblich, denn diese Knaben sind einfach nicht bindungsfähig.

Wo liegen nun die Ursachen für Störungen dieser Art?

Oftmals sind diese Männer als Kind von ihren Eltern nicht richtig geliebt worden. Scheidungskinder oder solche, die nur mit einem Elternteil großgeworden sind, findet man sehr häufig in dieser Sparte.

Durch diesen Mangel an Liebe und Zuneigung haben sie Angst, sich fest zu binden. Sie könnten wieder, so wie früher, zurückgewiesen werden. Hinzu kommt dieses auf sie so heilend wirkende Gefühl der Genugtuung, wenn sie uns Mädels den Laufpaß geben, nachdem wir völlig hin und weg von ihnen sind. Endlich sind sie einmal in der stärkeren Position und können zurückweisen, ehe es ihnen selbst passiert.

Das Fazit: Heilbar ist dieser Fall nicht, leider! Beim nächsten Blauäugigen im roten MX5 sollten wir nicht mehr so schnell schwach werden, sondern zuerst mal einen Blick hinter die perfekte Fassade werfen. Das ist für unsere Nerven auf jeden Fall schonender – von der Wirkung auf unseren Teint ganz zu schweigen.

Der Eifersüchtige

Herbert sah völlig harmlos aus, aber er hatte ein gefährliches Hobby: Er legte der Frau seiner Wahl die Eisenkugel ans Bein, und zwar eine große und unerträglich schwere.

Meine Freundin Andrea fiel auf ihn herein. Sie weiß heute selbst nicht mehr, warum eigentlich. Mir kam es von Anfang an merkwürdig vor, daß er all ihre Tätigkeiten kontrollierte: »Wo gehst du hin, wo kommst du her, mit wem warst du dort?«

Dann fing er damit an, ihr den Umgang mit ihren Freundinnen zu verbieten, sie sollte von nun an nur noch für ihn dasein. Mit der Zeit wurde das jedoch zur Manie, und Andrea stand kurz vor einem Nervenzusammenbruch.

»Seine ständigen Kontrollen und sein Mißtrauen treiben mich noch in den Wahnsinn«, heulte sie sich bei mir aus.

Ich erinnere mich noch gut an einen Einkaufsbummel, den Andrea und ich machten. Während wir in der Klamottenabteilung eines

Kaufhauses stöberten, erblickte ich urplötzlich das liebliche Anlitz von Herbert zwischen den Kleiderständern. Da spionierte der Kerl seiner Andrea doch tatsächlich hinterher, um herauszufinden, ob es nicht doch einen anderen Mann gibt. Sie hatte ihn zum Glück nicht entdeckt, aber ich konnte es mir nicht verkneifen, wie zufällig an ihm vorbeizugehen und ihm ins Ohr zu flüstern: »Verzieh dich!«

Da sie ihn wirklich liebte, versuchte sie, die Situation irgendwie zu retten – was aber vergebliche Liebesmüh war. Drei Wochen später stand sie vor meiner Tür und fragte mich, ob sie für einige Zeit bei mir wohnen könne. Sie hat Herbert nie wiedergesehen.

Die Ursachen für eine übermäßig ausgeprägte männliche Eifersucht sind schnell gefunden. Höchstwahrscheinlich ist er einmal ganz schwer enttäuscht worden und hegt nun ein unerträgliches Mißtrauen gegen jede Frau, die in sein Leben tritt.

Ganz typisch bei diesem Fall sind hierbei auch Eltern, die stets viele Versprechungen gemacht, diese aber selten eingehalten haben. So konnte sich schon recht früh die Erkenntnis bei dem armen Kerl festsetzen, daß das Leben aus Enttäuschungen besteht und Mißtrauen daher eine Notwendigkeit ist. Eine fatale Entwicklung, mit der er uns Frauen dann Jahre später das Leben zur Hölle machen kann.

Eine gute Nachricht gibt es aber dann doch: Diese Störung ist therapierbar, wenn auch unter Einsatz von viel Geduld und Nervenkraft. Hat der Knabe erst einmal verstanden, daß wir ihn wirklich lieben und es die zehn anderen Lover nur in seiner Phantasie gibt, läuft die Sache glatt – sofern man bei einem Mann davon überhaupt sprechen kann.

Der Sexprotz

»Hey, du süße Zuckerschnecke, soll ich dir mal zeigen, wo der Hase langläuft?« Während eines Sektempfangs im Hotel Hyatt stand ich in einem bodenlangen Traum in Schwarz von Givenchy in der Lobby, als diesem entzückenden Kerl dieser Spruch über seine ordinären Lippen kam. »*Du* könntest mir eine ganze Hasenfamilie zeigen, es würde mich nicht vom Hocker hauen«, konterte ich – und der Bursche war so fasziniert von mir, daß ich ihn jetzt erst recht nicht mehr los wurde. Aber das ist eine andere Geschichte.

Wenn ich eines nicht ausstehen kann, dann Männer dieses Schlages. Sex als Sport? Nein danke, ich finde Fußballfans schon schlimm genug!

Warum müssen so viele Männer aller Welt – oder zumindest der weiblichen Hälfte – ihre Potenz unter Beweis stellen?

Zumeist hatten sie einen sehr dominanten Vater, der schon von klein an versucht hat, einen »ganzen Kerl« aus ihnen zu machen. Ein populäres Beispiel dafür ist der alte Joseph Kennedy. Er hatte seine lieblichen Söhne dahingehend erzogen, alles, was Frau heißt, flachzulegen – was sie ja wohl auch alle recht gründlich beherzigt haben.

Wie sagte der bekannte Talkmaster Jay Leno doch kürzlich? »Die Kennedys sind wie die Saurier in *›Lost World‹*. Sie haben große Zähne, vermehren sich wie verrückt, und überall, wo sie auftauchen, wimmelt es von kreischenden Frauen.«

Das hast du schön gesagt, Jay!

Auf jeden Fall zeitigt diese frühkindliche Überforderung verheerende Spätfolgen, denn die armen Kerle werden ihr Leben lang unter Leistungsdruck stehen. Diese Erfahrungen in Kombination mit des Mannes liebstem Spiel läßt aus ihnen jene unerträglichen Zeitgenossen werden, die mit uns zum Hasenrennen möchten – und das möglichst dreimal jede Nacht!

Das Fazit: Wenn die Hormone mal mit uns durchgehen und wir Lust auf eine heiße Nacht haben, ist er in diesem Moment *Mister. Right Guy* für uns. (Oder wie meine Freundin Christa zu sagen pflegt: »Mein Billy-Boy für eine Nacht!«)

Auf die Dauer gesehen, ist er aber sehr anstrengend für unseren Mineralstoffhaushalt.

Ich meine daher: Einmal ist keinmal – und dann nie wieder mit ihm!

Der Macho

Für ihn gibt es nur eine erstrebenswerte Form des Daseins, und das ist die männliche.

Reinhold war so ein Unhold und eine Erfahrung, auf die ich gern verzichtet hätte.

Anläßlich eines Spanischkursus lernte ich ihn kennen, und es hätte mir schon im wahrsten Sinne des Wortes spanisch vorkommen sollen, wenn unser Lehrer von den spanischen Machoallüren seiner Landsmänner berichtete. Dann rollte Reinhold sich vor Lachen regelmäßig ab, und ein magisches Leuchten erfüllte seine Augen (die so wundervoll braun waren, ach ja!).

Am Anfang dachte ich mir noch nichts Böses dabei, kam aber dann sehr schnell dahinter, daß ich es hier mit *dem* Prototyp aller Machomänner schlechthin zu tun hatte. Sie merken es sicherlich schon, aber der Macho ist nun gerade das Schlimmste in puncto Mann, was ich mir in meinen dunkelsten Alpträumen ausmalen kann. Diese Kerle sind einfach unverbesserlich, unserer Schönheit alles andere als zuträglich und dermaßen borniert und spießig, daß ich mich schlichtweg vergessen könnte.

Genau wie alle anderen Jungs dieser Kategorie hatte auch Reinhold eine so festbetonierte Meinung über alles, was Frauen betrifft, daß einem wirklich übel werden konnte:

Frauen für voll nehmen? Wozu denn, fürs Bett sind sie doch allemal gut genug.

Ihr im Bett Lust verschaffen? Blödsinn, Hauptsache *er* hat Spaß dabei.

Und bei der Hausarbeit helfen? Um Gottes willen, das wäre doch wohl unmännlich.

Des Übels Wurzel? Nun, in 95 Prozent aller Fälle kommt der Machomann aus einem Elternhaus, in dem das Dasein als Mann zelebriert wurde bis zum Abwinken. Als Krönung der Schöpfung gefeiert, hatte er entweder nur jüngere Schwestern und war der »Mann im Hause« oder aber er war ein Einzelkind. Ganz häufig ist er ohne Vater großgeworden und von seiner lieblichen Mutter zu dem gemacht worden, was uns dann Jahre später das Leben versauert. Ich könnte hier auf Anhieb eine Handvoll Beispiele nennen, die ich aber lieber nicht auferstehen lassen möchte – noch nicht einmal in Gedanken.

Sind diese Jungs heilbar? Nun, ich befürchte, nein. Selbst wenn man sie – zum Beispiel mit einer Schocktherapie – zur Ordnung ruft, ist diese Besserung nur von vorübergehender Natur. Über kurz oder lang verfallen sie wieder in ihre alteingefahrenen Machoallüren, und das alte Spiel geht von vorne los.

Daher mein gutgemeinter Rat: Finger weg von allem, was auch nur ansatzweise nach Macho riecht oder aussieht.

Was ist aber nun zu tun, wenn Sie auf so ein Exemplar hereingefallen sind? Kein Problem: Verschnüren Sie ihn in zu einem handlichen Postpaket und schicken ihn in eine Besserungsanstalt ins tiefste Sibirien, aber bitte ohne Rückporto, versteht sich!

Sollen die Herren aus der Riege der Machos doch zusehen, wie sie alleine über die Runden kommen. Hauptsache nicht mit uns!

Der Ordnungsfanatiker

Guido konnte kochen. Soweit schön und gut. Unsere gemeinsamen Mahlzeiten waren jedoch alles andere als erfreulich. Der letzte Bissen befand sich noch auf der Gabel, da stellte er bereits das Geschirr in die Spülmaschine.

In seiner Wohnung lag kein Stäubchen. Irgendwie kam ich mir immer vor wie bei einem Fotoshooting für die Zeitschrift »Schöner Wohnen«. Das Dumme: Das Wohnen mit Guido war noch nicht einmal schöner, geschweige denn schön.

Blumen gab es nicht. »Alles nur Staubfänger«, meinte er.

Seine Wäsche lag völlig deckungsgleich im Schrank, die Konservendosen standen in Reih' und Glied, und seine Handtücher hingen akkurat und gerade auf dem Handtuchhalter. In Gedanken hörte ich Guido immer rufen. »Strammstehen, Männer!«

Zwar bin auch ich nicht gerade unordentlich, aber für mich gibt es andere Werte, die mir wichtiger sind: Spontanität, Kreativität, für Freunde kochen und auch mal etwas herumliegen lassen können.

Nach drei Wochen neben diesem Mann fühlte ich mich so schlampig, daß es kaum auszuhalten war. Ehe es noch schlimmer kam, verließ ich diese staubfreie Anstalt und freute mich, noch einmal davongekommen zu sein.

Die Ursache für Neurosen dieser Art – und es ist wirklich nichts anderes als das: Angst. Angst vor dem Leben, vor allem Ungewissen, nicht selten auch vor sich selbst!

Oft bereits im zarten Kindesalter von den Eltern verdreht, lassen sich Macken dieser Art nur sehr schwer wieder ausbügeln. Ich will nicht behaupten, daß es unmöglich ist, aber machen Sie sich auf einen langwierigen Heilungsprozeß gefaßt.

Söhne aus Scheidungsehen sind in dieser Kategorie häufig zu finden, wobei es keine Rolle spielt, ob sie nach der Trennung der Eltern bei der Mutter oder beim Vater großgeworden sind. Ganz schwierig wird es, wenn wir es mit einem Kerl zu tun haben, der für seine Unordnung – oder was seine Eltern dafür hielten – mit Liebesentzug gestraft worden ist. (Übrigens *die* perfekte Methode, ein Kind zu brechen.)

Der Therapieansatz sollte so aussehen, daß Sie ihm klarmachen, andere Werte als Ordnung, Sauberkeit und antiseptische Wohnungen in seine persönlichen Top ten aufzunehmen. Auch hier ist unser ganzer Einsatz gefragt. Viel Geduld und Nachsicht werden von uns gefordert sein. Ferner hilft hier nur eines: ihn überschütten mit unserer Liebe. Frauen wie wir haben ja Gott sei Dank jede Menge davon!

Aber – wie in allen Fällen – sollten wir uns immer wieder fragen: Ist es der Knabe wirklich wert? Hat er so viele andere Qualitäten (welcher Art auch immer), daß wir bei ihm bleiben wollen?

Ich hatte mich damals gegen Guido entschieden, weil er auf der ganzen Linie daneben war und der einzige Sinn des Lebens für ihn in seinem Ordnungstick bestand.

Ach, meine Lieben, nach einem halben Jahr Zusammenleben mit so einem Pedanten hätte man mich in die »Farm« einliefern können, ich schwöre es!

Der Softie

»Montag kann ich nicht, da haben wir Teestube in unserer Männergesprächsrunde«, sagte Olaf zu meiner Freundin Mia. Die glaubte im ersten Moment, einen Hörfehler zu haben. Dabei hatte ich sie gewarnt: Zum Geburtstag wurde sie von ihm mit einem Pullover beschenkt – einem selbstgestrickten! Auch ansonsten zeigte er Verhaltensweisen, die für einen Mann recht eigenartig anmuteten: Seine Hobbys waren Staubsaugen und Spülen. Was dem Macho so völlig abgeht, hatte sich bei Olaf verstärkt durchgesetzt.

Tendenziell mag ich Jungs dieses Schlages, wenn sie doch nur ein bißchen männlicher wären! Aber, wie ich bereits sagte: so klasse wir

Traumfrauen auch sind, die männliche Welt ist nach wie vor ein Ödland unter dem Motto: Nobody is perfect!

Ursachenforschung ist beim Softie schnell betrieben: Höchstwahrscheinlich handelt es sich bei ihm um den Ältesten von mehreren Geschwistern, und er mußte stets die Verantwortung übernehmen. Häufig war ein Elternteil schwer krank und wurde von ihm betreut. Dieses »Kümmern« hat er bis zum heutigen Tag beibehalten und ist von versorgender, eher weicher Natur.

Am Softie-Zustand läßt sich wenig ändern, und selbst das härteste Trainingslager wird aus ihm keinen »Kerl« machen.

Aber: betrachten wir die Sache doch einfach positiv, denn schließlich sind fünf Softies besser als ein Macho!

Der ewige Junge

Sie erkennen ihn an seiner lächerlichen Aufmachung: viel zu enge Jeans über seinem nicht mehr ganz so straffen Bauch, mindestens zwei Nummern zuviel Bräune aus der Steckdose, um von seinen Falten abzulenken, und jede Menge Goldschmuck.

Bei Jürgen handelte es sich um so ein Kaliber, und meine Freundin Mia hatte es nicht leicht mit ihm. Er war damal sechsundvierzig und eigentlich ganz nett, ging ihr aber mit seiner Sucht, ewige Zwanzig sein zu wollen, ganz schön auf die Nerven.

Wenn die beiden spazierengingen, machte er sich über Gleichaltrige lustig: »Hast du den Opa gesehen? Der war in meiner Parallelklasse, dagegen habe ich mich doch ganz gut gehalten, oder?« Seine Löcherjeans hätten an einem knackigen Inlineskater wohl gut ausgesehen, bei Jürgen aber wirkten sie nur lächerlich.

Irgendwann fing er damit an, auch Mia auf jugendlich zu trimmen – was insofern lachhaft anmutete, weil sie gerade erst ihren fünfundzwanzigsten Geburtstag gefeiert hatte.

Einmal war es so schlimm, daß sie mich anrief und fragte, wo sie sich denn ihr Gesicht mit Kollagen unterspritzen lassen könne. Au Mann!

Bei mir läuteten alle Alarmglocken, und ich kündigte meinen Besuch bei den beiden an. Während wir gemütlich beieinandersaßen, fing er plötzlich damit an, auch in meinem Gesicht nach Falten zu suchen. Da gab es für mich nur noch eines: In einem günstigen Moment nahm ich Mia beiseite und riet ihr: »Schieß den Vogel ab, der sucht sich sowieso bald eine Zwanzigjährige!« Genauso war es dann auch. Was wir damals noch nicht wußten: er hatte sie bereits gefunden, allerdings lag ich daneben – sie war erst achtzehn.

Ich tröstete Mia über das Schlimmste hinweg und verkuppelte sie mit meinem Freund Jens, der drei Maimonate jünger war als sie. Das schien mir die beste Therapie, die ich ihr zu diesem Zeitpunkt angedeihen lassen konnte. Zumindest hat sie sich seitdem nie mehr mit Männern abgegeben, die mehr als zehn Jahre älter waren als sie.

Die Ursachen für diese Angst vor dem Älterwerden sind schnell gefunden. Von den Eltern und oftmals auch von den Spielkameraden abgelehnt, meint unser Kandidat, er müsse nun seine Twenjahre künstlich verlängern, um jetzt all das vom Leben zu erhalten, was ihm damals vorenthalten wurde. Als nachträgliche Rache ist es eine Genugtuung für ihn, neben seinen früheren Schulkollegen um Jahre jünger auszusehen und das auch durch junge Frauen an seiner Seite zu demonstrieren. Ein Trugschluß ohnegleichen, denn die Rechnung kann einfach nicht aufgehen.

Auch diejenigen, die nie eine richtige Jugend gehabt haben, machen oft auf Dauertwen. Meist hatte so ein armer Kerl eine schönheitssüchtige Mutter, deren Badezimmer aussah wie eine Filiale von Douglas. Vor lauter Schönheitspflege hat sie ihren Filius vernachlässigt. Der blieb dadurch emotional auf der Strecke, verinnerlichte aber den Kult um Äußerlichkeiten.

Fazit: Schlim, schlimm, aber dieser Fall ist heilbar. Allerdings nur mit sehr viel Liebe. Wenn Ihnen etwas an Jürgen und all den anderen Geschädigten aus dieser Kategorie liegt, dann müssen Sie ihm zeigen, daß Sie ihn wirklich so nehmen, wie er ist. Auch mit Falten, Wabbelbauch und anderen ganz natürlichen Alterserscheinungen. Machen Sie sich aber darauf gefaßt, daß Sie jede Menge Geduld dafür aufwenden müssen.

Bewährt hat sich hier ebenfalls die Schocktherapie. Drehen Sie den Spieß einfach um, und stellen Sie sich neben ihn, wenn er gerade vor dem Spiegel steht. Dann sagen Sie ganz nebenbei: »Ach übrigens, ich finde, du bist ganz schön alt geworden in der letzten Zeit.

Da müssen wir unbedingt etwas unternehmen.« Dann verdonnern Sie ihn zu einer strengen Gemüsediät, Gymnastik und Ampullenkuren für den von seinen ewigen Solariumbesuchen schlaffgewordenen Hals. Entweder er sieht Sie von nun an als seine Verbündete im Kampf gegen das Alter, oder er bekommt Haßgefühle, und die Sache hat sich für ihn ohnehin erledigt. Probieren geht auch hier über Studieren.

Ist es Ihnen erst einmal gelungen, einen Knaben dieser Sorte zu heilen, besteht die Aussicht, daß Sie einen treuen und lieben Partner an Ihrer Seite haben.

Der Eingeschnappte

Ganz egal, was Sie tun oder sagen, es ist verkehrt, und der Kerl ist eingeschnappt.

So erging es auch meiner Freundin Simone mit ihrem lieblichen Frank.

Ging sie alleine ins Kino, war er sauer: »Warum hast du mich nicht mitgenommen?«

Nahm sie ihn mit und der Film gefiel ihm nicht, war es noch schlimmer: »Warum bist du nicht alleine gegangen? Dann hätte ich den Abend sinnvoller verbringen können.«

Es war einfach nicht auszuhalten mit dem Kerl!

Every which way but loose. Wie man es auch macht, es ist verkehrt, diese amerikanische Redewendung hätte für ihn erfunden sein können. Denn tatsächlich ist alles, was wir machen, nicht so, wie er es gern hätte. Oder vielleicht doch?

Genau hier kommen wir auf den Punkt: Die Fehlerquelle sollten wir nicht bei uns, sondern ganz klar bei ihm suchen. Was sich am Anfang gar nicht so einfach gestaltet, ist er doch ein Meister darin, uns ein schlechtes Gewissen zu machen.

Um den »Fall Frank« gewissenstechnisch einmal unter die Lupe zu nehmen, kümmerte ich mich für einen Tag um ihn, als Simone ihre Mutter besuchte. Ich nahm ihn mit auf einen netten Shoppingbummel, der dann aber doch nicht so nett wurde.

Zuerst verübelte er mir, daß ich ihn vor meiner Lieblingsboutique warten ließ, weil ich ihm die Kleidershow ersparen wollte. Na gut, dachte ich und nahm ihn mit in den Laden meines alten Freundes Jean-Paul Gaultier.

»Konntest du das nicht ohne mich erledigen?«, maulte er, »ich hätte doch in der Zwischenzeit einen Kaffee trinken können.«

Genau das war der Moment, wo mir der Kragen platzte und ich mir den guten Frank zur Brust nahm: »Sag mal, bist du als Kind eigentlich zu heiß gebadet worden, oder was ist mit dir los? Ich glaube, es wird Zeit, daß du mir einmal ein bißchen aus deiner Vergangenheit erzählst!«

Frank schaute mich an, als ob ich zu ihm gesagt hätte: »Zieh dich schon mal aus, ich komme gleich.« Aber so ist das nun mal mit den meisten Kerlen: Reden wir vernünftig mit ihnen, denken sie, wir wären übergeschnappt.

Nach einer kleinen Diskussion berichtete mir Frank recht bereitwillig, was als Kind so alles mit ihm angestellt worden war. Sein Vater hielt ihn stets für einen Schwächling. Was er auch machte, es war verkehrt, und je mehr er sich bemühte, desto mehr verachtete sein Vater ihn.

Mit seiner Mutter verhielt es sich auch nicht besser: Am liebsten hätte sie gar keine Kinder bekommen, und sie hatte Frank nie wirklich geliebt.

Mir wurde einiges klar. Der arme Frank: ungeliebt, nie geachtet, Wertschätzung hatte er nie erfahren. Ich riet ihm dringend, Simone alles zu erzählen. Was er auch tat, nachdem die emotionale Blockade nach Jahren des Schweigens endlich gebrochen war. Es freut mich, wie die beiden ihre Beziehung durch diese schwierige Phase manövrierten und heute wundervoll und harmonisch miteinander leben.

Der Fall des Eingeschnappten ist also heilbar. Man muß allerdings zuerst Vergangenheitsforschung betreiben, um den geeigneten Therapieansatz zu finden.

Ist die Sache aber erst einmal ins Rollen gekommen, besteht Aussicht auf baldige Besserung. Wie schön für Simone und all die anderen süßen Mäuse!

Der Unterwürfige

Es ist wirklich erfeulich, wenn die Jungs uns Komplimente machen oder uns mit Geschenken überschütten. Aber zuviel des Guten ist kaum auszuhalten!

Vor Jahren hatte ich so ein Exemplar an der Angel. Was sich zuerst gut anließ, wurde später zum *running gag* – leider ein unerträglicher.

Jan war sehr lieb, verfügte aber über keinen eigenen Willen. Wenn er an eine dominante Frau geraten wäre, hätte diese alles mit ihm anstellen können, was sie wollte. Der arme Kerl konnte einem schon leid tun.

Sah ich aus, als sei ich gerade aus der »Vogue« herausgefallen, fand er das toll. Doch er fand es auch toll, wenn ich aussah wie gerade dem Bett entstiegen. Eigentlich konnte ich aussehen, machen und mich benehmen, wie ich wollte – Jan fand alles umwerfend.

Die ersten zwei Wochen war ich begeistert: Endlich mal ein Mann, bei dem ich den Status einer Art Göttin genoß. Nach der dritten Woche war mein Enthusiasmus bereits abgeflaut, und nach der vierten Woche hatte ich die Nase voll. Jan besaß überhaupt keinen eigenen Willen, keinen eigenen Geschmack und null Menschenkenntnis. Da merkte ich, daß er mich dazu benutzte, ihn quasi durchs Leben zu führen, ihn ans Händchen zu nehmen und ihm die große weite Welt zu erklären. Genau das war nun das letzte, wovon ich träumte, und ich sagte ihm adieu, ehe es uns beiden allzu weh tat.

Dieser Typ Mann kommt zum Glück nicht sehr häufig vor, was schon mal ein Segen ist. Falls Sie aber doch an so ein Exemplar geraten sollten, werden Sie feststellen, daß er krampfhaft nach Liebe und Anerkennung sucht, die er bislang nie finden konnte. Kinder, die ohne Eltern großgeworden sind, können sich unter Umständen so entwickeln. Als Freunde sind sie treu und einfach unschlagbar, als Lebenspartner auf längere Dauer aber indiskutabel. Vor allem wächst man an solchen Männern nicht, und in einer Beziehung sollte ja schließlich einer vom anderen profitieren. Daher also: Besser nicht!

Der Psychopath

Er wirkt harmlos, aber gerade das ist das Gefährliche an ihm. Hinter seiner Hornbrille schaut er uns aus großen Kinderaugen an, als ob er kein Wässerchen trüben könnte. Hinter dieser Fassade lauert jedoch etwas, was uns dazu veranlassen sollte, das Weite zu suchen – je schneller, desto besser!

Martin war solch ein Exemplar, und meine Freundin Lea erlebte mit ihm den Alptraum ihres Lebens. Alles begann mit seiner harmlosen Äußerung: »In letzter Zeit träume ich immer öfter davon, dir mit einer brennenden Zigarette weh zu tun«, wobei ein magisches Leuchten seine Augen erfüllte.

Ich war entsetzt, als die erschütterte Lea mich davon berichtete – und auch noch von ein paar anderen Dingen, die mich recht merkwürdig anmuteten. Martin hätte zu Karneval gut als Marquis de Sade gehen können, ohne sich großartig verkleiden zu müssen.

Er fand es auch ganz toll, stundenlang auf der Toilette zu sitzen. »Das macht mich so an«, kommentierte er seine Leidenschaft. In Gedanken spulte ich meinen Pädagogikkursus ab, und der Begriff »anale Phase« kam mir in den Sinn.

Noch am selben Tag half ich Lea, ihre Siebensachen zusammenzupacken und erst einmal zu mir zu ziehen. Martin stand anschließend jeden Tag vor meiner Tür und machte Ärger. Hatte er doch in Lea ein so wundervolles Objekt gefunden, seine krankhaften Träume auszuleben. Daß er sie nun für immer verloren haben sollte, wollte ihm einfach nicht in den Kopf. Das konnten wir ihm erst beibringen, als mein alter Freund Helmut, der zur damaligen Zeit eine Karriere als breitschultriger Türsteher in einer stadtbekannten In-Disco machte, meine Worte in handfeste Taten übersetzte.

Tja, manchmal geht es eben nur so, auch wenn ich eigentlich zur friedliebenden Sorte zähle.

Des Übels Wurzel geht beim Psychopathen recht tief. Wenn Sie so ein Exemplar entlarvt haben, absolvieren Sie – ehe Sie ihn dann endgültig abschießen – aus Studiengründen einen Besuch bei seinen Eltern. Wetten, daß Sie folgende Szenen einer Ehe erleben werden: Streit, lautstarke Diskussionen und handfeste Auseinandersetzungen sind hier in fast allen Fällen an der Tagesordnung.

Häufig haben die Eltern ein gestörtes Sexualleben, und Kinder spüren instinktiv, daß etwas nicht stimmt. Fatal wird es, wenn es Schläge für die Mutter gab, diese ihren Mann aber weiterhin geliebt und nach außen Friede, Freuden Eierkuchen demonstriert hat. So kommte es, daß sich Schläge und körperliche Schmerzen bei unserem Kandidaten als Lust manifestieren, um dann Jahre später auf diese krankhafte Art und Weise auszubrechen.

Heilbar ist dieser Fall nicht, jede Therapie wird hier fehlschlagen. Denn dafür ist einfach zu viel schiefgelaufen.

Darum: Finger weg von diesem Typen. Lassen Sie den Kerl seines Weges ziehen.

Der Geizige

Mit Freunden und Freuden auf Shopping-Exkursion gehen? Einen Besuch bei Vidal Sassoon zum Haareschneiden? Unsere Lieblingsboutique nach einem heißen Fummel durchstöbern? Solche Eskapaden gehören der Vergangenheit an, wenn wir auf so einen Mann hereingefallen sind.

Meine Freundin Christa kann mehrere Lieder davon singen, lauschen wir aber nur einem, mit dem Titel »Ein halbes Jahr mit Jochen«, das aber um so heftiger in unseren zarten Gehörgängen nachklingen wird.

Bereits kurze Zeit nachdem die beiden ein Paar waren, begann der Ärger. Jochen hatte einen hochdotierten Job als Diplomingenieur mit recht saftigem Gehalt, kaufte aber nichtsdestotrotz grundsätzlich nur Sonderangebote. Er war stolz wie Oskar, daß seine gräßlichen Klamotten aus dem Schlußverkauf stammten, und auch nur der leiseste Hauch einer Modekritik ließ ihn an die Decke gehen.

Christa kaufte auch gerne günstig, aber im Gegensatz zu Jochen schmückten dabei diese wunderschönen Stoffe von Gaultier, Mugler & Co. ihren Körper.

Doch, wie so viele Tragödien im Leben beginnen, sie hatte sich so richtig in Jochen verknallt – zumal er auf gewissen Gebieten ein wahrer Künstler gewesen sein soll. Es war sehr traurig, mit ansehen zu müssen, wie Christa von einer strahlenden Schönheit zu einer C&A-Maus mutierte. Hauptsache billig, adieu Friseurbesuche, und

Make-up war auch kein Thema mehr. »Ich stehe nun mal auf natürliche Frauen«, kommentierte der gute Jochen diese Verwandlung.

Auf Heilung ist hier nur in den seltensten Fällen zu hoffen, und auch nur dann, wenn man es raffiniert anstellt. Aber mal unter uns gesagt, meine Lieben: Ist Geiz nicht etwas so Widerliches, daß wir ihn mitsamt dem Kerl aus unserem Leben verbannen sollten? Hier ist doch wohl jede Anstrengung, therapieren zu wollen, überflüssig, gelle!

Auf diesen Trichter kam Christa übrigens auch. Allerdings hat es ein halbes Jahr gedauert. Tja, irgendwann ist auch die raffinierteste Bettakrobatik nicht mehr ausreichend, um darüber hinwegzutäuschen, daß ansonsten nur geistige Starrheit bei den Knaben herrscht. Auf jeden Fall haben Lea und ich den Abschied von Jochen gebührend gefeiert, und zwar mit einer Shoppingwoche in London, Paris und Wien.

Gaultier, Mugler, Tati, Holiday in Saint Remis – ach, meine Lieben, manchmal bedarf es eben auch mal des Auslebens unserer Kaufrauschanfälle, um so einen verkommenen Kerl zu vergessen. Aber im Kampf gegen den Liebeskummer ist schließlich jedes Mittel legitim!

Der Besserwisser

Er ist besonders anstrengend, sowohl geistig-moralisch als auch körperlich. Wenn ich an meine Erlebnisse mit Arthur zurückdenke, treibt es mir noch immer die Schweißperlen auf meine Elfenbeinstirn, so als ob es gestern gewesen sei.

Arthur war ein äußerst attraktiver Mann mit feinen Gesichtszügen und einer großen Bildung, die er aber leider bei jeder Gelegenheit demonstrieren mußte. Er wußte wirklich alles – vor allem besser. Neueste Ergebnisse aus der Forschung? Er kannte sie bereits. Geschichtliche Ereignisse welcher Art auch immer? Oftmals wurde ich den Eindruck nicht los, er wäre bei allen Geschehnissen selbst dabeigewesen oder hätte zumindest die dazugehörigen Schulbücher verfaßt. Der Gipfel des Horrors war, gemeinsam mit ihm die Tagesschau anzusehen. Dabei kam ich mir so ungebildet und blöde neben ihm vor, daß ich ihm am liebsten den Hals umgedreht hätte. Doch selbst diese Mordtechnik hätte er wahrscheinlich besser beherrscht als ich und sie mir stundenlang erläutert, ehe ich zudrücken konnte.

Es wurde also Zeit, meinen großen Koffer zu packen und mich wieder unter das normalsterbliche Volk zu mischen. Dabei hätte es ganz sicherlich eine Chance auf Heilung gegeben, aber Arthur verfügte neben seiner Besserwisserei auch noch über andere Züge, für die ich keine Lösung fand: Wenn er schlief, schnarchte er, ansonsten litt er an Schlaflosigkeit und wollte mir dann auch nächtens sein Wissen unter Beweis stellen. Dabei hätte man ganz andere Dinge machen können, aber hier zeigte sich deutlich, daß er doch nicht von allem Ahnung hatte.

Kurzum: ich weinte ihm keine Träne nach, als ich zusammen mit meiner Freundin Amanda auf eine Shakespeare-Tournee durch Südfrankreich ging, um für eine erkrankte Kollegin einzuspringen. Zwar sah ich Arthur einige Male im Publikum sitzen, verließ das Theater nach jeder Vorstellung aber fluchtartig, um ihm nicht zu begegnen. Irgendwann hatte sogar er verstanden, daß Lady Macbeth ihre Ruhe vor ihm haben wollte.

Wie sieht nun eine Therapie gegen Besserwisserei aus, falls wir uns doch durchgerungen haben, dem Knaben unter die Arme zu greifen?

Nun, sie ist sehr anstrengend, aber doch simpel: Wir müssen einfach alles noch besser wissen als er. Mit Sicherheit gibt es ein Spezialgebiet, auf dem Sie glänzen und alles in den Schatten stellen.

Malerei? Wunderbar, schleifen Sie Ihren Besserwisser ins nächste Kunstmuseum und hauen Sie ihm Ihr Wissen um die Ohren, daß ihm Hören und Sehen vergeht!

Auch ein Wochenendseminar bei der Volkshochschule zu Ihrem Lieblingsthema ist eine wunderbare Gelegenheit, können wir ihn doch hier so richtig schön beeindrucken. Wenn diese Therapie anschlägt, werden Sie bald merken, daß seine ewige Besserwisserei bald aufhört und er einsieht, daß auch Sie auf gewissen Gebieten Ahnung haben und er bei Ihnen nicht auf geistiges Ödland gestoßen ist.

Die Weichen für ein entspanntes Leben neben einem Knaben dieser Sorte sind jedenfalls gestellt, und von gemäßigt intellektuellen Männern kann man vielleicht geistig dann doch profitieren. Sehen wir es also wie immer positiv!

Der Fetischist

Es ist ein kleiner Schock, wenn man entdeckt, daß man sich solch ein Exemplar angelacht hat. Auf den ersten Blick wirkt er nämlich oft harmlos, ja manchmal sogar unscheinbar. Doch eines Tages – früher oder später – rückt er mit seinen seltsamen Wünschen heraus. Das kann einen dann ganz schön umhauen!

Auch ich hatte mal so ein Kerlchen kennengelernt, und was ich in diesen zwei Wochen erlebte, war filmreif! Ich könnte Ihnen da Dinge erzählen, aber da meine liebe Mutter diese Zeilen sicherlich auch liest, verzichte ich an dieser Stelle auf Details.

Folgen wir lieber meiner Freundin Yasmeen in ein Erlebnis der ganz besonderen Art.

Auf einer Party hatte sie Helmut kennengelernt, der ihr auf den ersten Blick eigentlich als ein ganz normaler Mann zu sein schien. »Komm mich doch nächstes Wochenende mal besuchen«, hatte er gesagt, und sie nahm seine Einladung, nichts Böses ahnend, an.

Sie klingelte und ging durch das düstere Treppenhaus nach oben. Die Tür wurde ihr von einer Frau geöffnet. Bei näherem Hinsehen merkte sie dann, daß es Helmut war, der sich als Frau verkleidet hatte: High-heels (»Aber Ela, wirklich high, mindestens zehn Zentimeter!«), ein knallenges Lackkleid und drei Pfund Make-up im Gesicht.

Nachdem sie sich vom ersten Schreck erholt hatte, fand sie sich auf seinem Sofa wieder. Die Wohnung war genauso dunkel wie das Treppenhaus; überall brannten Kerzen und merkwürdig riechende Räucherstäbchen, an den Wänden hingen Peitschen sowie andere Folterinstrumente, und im Terrarium räkelte sich Adolf, die Pythonschlange.

Als Helmut sich hinsetzte, bemerkte Yasmeen, daß er unter seinem Lackkleid keine Unterwäsche trug, dafür aber an jener markant-männlichen Stelle gepierct war bis zum Abwinken.

Die Geschichte, die Helmut ihr servierte, war auch nicht von schlechten Eltern.

Sie hörte sich alles in Ruhe an – bis zu dem Punkt, wo er en detail auf seine Sexualpraktiken einging. Yasmeen zog es doch vor, diesen gastlichen Ort schleunigst zu verlassen. Sie war für drei Tage völlig sprachlos.

In dieser Geschichte finden wir all das vereint, was das Herz des Fetischisten höher schlagen läßt: eine düstere Atmosphäre, Lack, High-heels, Folterwerkzeuge, eine Schlange und ein Make-up, als sei er der Geisterbahn entsprungen.

Die Ursachen für diese Spleens? Oh, oh, meine Lieben, bei diesen Knaben ist so einiges schiefgelaufen, und zwar bereits im zarten Kindesalter. Zumeist ist es eine Kombination von mehreren Dingen, die diesen Spleen für Abnormitäten verursachen.

Zum Beispiel sollten wir bei dieser Sorte Mann sofort an ein völlig desolates Elternhaus denken, oft auch in Kombination mit einem frustrierenden und brutalen ersten Sex-Erlebnis.

Eines jedenfalls steht fest: Geben wir uns keine Mühe, aus einem Fetischisten einen Normalo machen zu wollen. Halten wir es lieber genauso wie Yasmeen: Verlassen wir den Typ, bevor er unser Leben mit seinen kranken Neigungen beeinflussen kann.

Der heimliche Homosexuelle

»So etwas kann mir nie passieren«, tönte meine Freundin Angelika, aber genau sie traf es dann doch!

Markus sah gut aus, sogar verdammt gut: blonde Haare, sehr gepflegt, tolle Klamotten. Außerdem verfügte er über tadellose Umgangsformen. Ich freute mich sehr für Angelika, dachte ich doch, sie hätte nun endlich einmal den Richtigen gefunden.

Doch bereits nach kurzer Zeit fing sie an, ihr Herz bei mir auszuschütten: »Es ist ganz seltsam, Ela, aber wenn er mich küßt, denke ich jedesmal, er traut sich nicht so richtig.« Ich fand das ziemlich merkwürdig und forschte nach weiteren Details: »Wie ist er denn so im . . ., na du weißt schon?« – »Keine Ahnung«, seufzte Angelika, »wir haben noch nicht miteinander geschlafen.« – »Bitte?« reagierte ich ein wenig zu laut, aber nach ein paar Wochen Beziehung erschien mir das doch mehr als merkwürdig.

Nach langen Stunden des Überlegens kamen wir zu dem Schluß, daß Markus ein heimlicher Schwuler ist. Noch am selben Abend setzte Angelika ihm die Pistole auf die Brust und wollte die ganze Wahrheit erfahren. Siehe da, Markus war nämlich tatsächlich dem eigenen Geschlecht zugetan. Was er ihr an diesem Abend berichtete, war sehr erschütternd. Schön ist jedoch: Die beiden sind bis zum heutigen Tag miteinander befreundet. Als Freunde sind Männer dieser Art nämlich einfach unschlagbar. Mit welchem Mann kann man sich sonst so wunderbar über Mode, Schönheitstips, Kochrezepte – und Männer – unterhalten?

Leider bin auch ich nicht verschont geblieben; bei mir hieß der Knabe jedoch nicht Markus, sondern Mario.

Er war ein extrem gutaussehendes Exemplar: sehr nett, sehr gebildet und mit einem Körper ausgestattet, für den man sich hätte vergessen können.

Er aber vergaß sich nie, sondern verhielt sich – ganz im Gegenteil – sogar mehr als zurückhaltend. Außer Händchenhalten im Park und alle paar Tage mal ein Kuß auf die Wange war nicht viel los bei und mit ihm. Zuerst dachte ich noch: Den biegen wir noch hin. Er ist vielleicht einfach nur ein bißchen schüchtern.

Da ich sehr lieb zu ihm war, um ihn vielleicht doch noch aus seiner Reserve zu locken, bekam er ein schlechtes Gewissen und beichtete mir seine wahren Gelüste. Allerdings in einer sehr drastischen Art und Weise: Eines Abends stand er Hand in Hand mit einem mir fremden Mann vor meiner Tür und meinte: »Das ist Dieter, der Mann, den ich liebe«. Im ersten Moment wußte ich nicht, ob ich lachen, weinen, schreien oder einfach die Tür vor seiner Nase zuknallen sollte. Ich ließ beide aber dann doch herein und hörte eine herzerweichende Story mit dem Titel »Der heimliche Homosexuelle und seine lebenslange Suche nach dem Ich«.

Das war erschütternd, und ich habe ein paar Wochen gebraucht, um das alles zu vergessen.

Die Ursachen für Homosexualität sind immer noch nicht geklärt. Sigmund Freud, der Stammvater der heute umstrittenen Psychoanalyse, sieht die Ursachen in frühkindlichen Erfahrungen. Das Zusammentreffen einer verführerischen und besitzergreifenden Mutterfigur mit einem kühlen, wenn nicht sogar feindlichen Vater ist laut seiner Theorie typisch. Von der Mutter erdrückt und des maskulinen Vorbilds beraubt, jagt der Schwule zeit seines Lebens einer verkappten Form väterlicher Liebe hinterher.

In einer neuen Studie stellten die Forscher hingegen ernüchtert fest, daß es kein spezifisches Merkmal des Familienlebens gibt, welches man als besonders folgenreich für die homosexuelle Entwicklung heraussondern könnte.

Recht interessant in diesem Zusammenhang finde ich die Ergebnisse der Hirnforschung. Man fand heraus, daß sich die beiden Geschlechter durch ein jeweils unterschiedliches »Erotisierungszentrum« im Hypothalamus voneinander abheben. Man nimmt an, daß die männlichen Embryos, die während der vorgeburtlichen Entwicklung einem abnorm niedrigen Androgenspiegel ausgesetzt sind, ein »weibliches Erotisierungszentrum« und somit die Anlage für homosexuelle Neigungen bilden.

Welcher Theorie man auch immer glauben mag, eines jedoch steht fest: Es ist so gut wie unmöglich, aus einem homosexuellen Mann einen heterosexuellen zu machen. Vor allem aber sollten wir sie nicht verurteilen, denn sie haben sich das nicht selbst ausgesucht.

Ungemütlich werde ich allerdings bei den Jungs, die versuchen, ihre Neigungen zu verschweigen und uns als »Alibifrau« zu mißbrauchen, um ihre heimlichen Neigungen unter einem ach so bürgerlichen Deckmäntelchen zu verstecken. In Insiderkreisen werden diese Frauen auch als »Sandfrauen« bezeichnet, weil sie der Gesellschaft Sand in die Augen streuen.

Selbst wenn man einen solchen Mann wirklich gern hat, hält man diesen Zustand nicht lange aus. Daher sollten wir uns auf Spielchen dieser Art gar nicht erst einlassen!

Viel wichtiger als die Frage nach den Ursachen der Homosexualität ist für uns aber folgende: Welche Alarmzeichen deuten auf diesen Typ Mann hin?

Nun, auf den ersten Blick leider keine, das macht die Sache ja so schwierig. Dieser Typus Mann ist zumeist sehr nett, und man verliebt sich schnell in ihn. Wenn wir tatsächlich unser Herz an ihn verloren haben, schmerzt das um so mehr.

Sofern Sie auf folgende Dinge achten, kann das Schlimmste verhindert werden:

- Benimmt er sich irgendwie affektiert?
- Lacht er sehr auffällig?

- Wie ist er angezogen? Männer, die besonders bunt, exzentrisch und übermodisch daherkommen, sollten uns zuerst einmal suspekt vorkommen.

Der Looser

Irgendwie konnte er einem schon leid tun, der ach so süße Alex. Alles, was er anfaßte, schien schiefzugehen: mit einer brennenden Zigarette eingeschlafen, Wohnung abgebrannt, Job verloren, Freundin über alle Berge.

Langweilig war es weiß Gott nicht mit ihm, aber auch nicht gerade förderlich für meinen Seelenfrieden.

Außerdem konnte er ganz wunderbar schnorren: »Kannst du mir mal zwanzig Mark leihen?« fragte er, und es war nicht das erste Mal, daß er mit dieser Masche ankam. Mal hatte er sein Portemonnaie vergessen, als wir beim Italiener essen waren, dann suchte er mal wieder seine Zigaretten (wobei er in diesem Punkt bei mir als passionierter Nichtraucherin Pech hatte). Aber wenn er mich aus seinen braunen Hundeaugen ansah, war alles verziehen. Zumal er auch seine nette Seiten hatte – besonders seine Kehrseite war nicht zu verachten!

Aber trotz allem: Es war nicht auszuhalten mit ihm, und ich trauerte daher keineswegs, als er so schnell aus meinem Leben verschwand, wie er gekommen war.

Beim Looser sind die Schadensverursacher schnell auszumachen. War bei vielen anderen Kandidaten eine zu strenge Erziehung schuld an ihren Schäden, hätte hier ein wenig mehr Strenge das Schlimmste verhindern können. Die Kinder, die nach der »Laisser-faire-Methode« – sprich antiautoritär – erzogen wurden, finden wir in dieser Sparte recht häufig.

Da diese Jungs zumeist sehr attraktiv und symphatisch sind – zumindest auf den ersten Blick –, haben sie auch keine Schwierigkeiten, sich mit ihrer Loosermethode durchs Leben zu mogeln. Sich therapieren lassen? Um Gottes willen,wozu denn auch? Bisher haben sie doch immer eine Dumme gefunden, die sie durchgeschleppt hat!

Fazit: Für ein bis drei Nächte sind solche Knaben eine nette Abwechslung, aber danach einfach nur noch eines: lästig. Und ab dafür!

Der Unsaubere

Sie meinen, das gibt es heutzutage nicht mehr? Weit gefehlt, meine Lieben, hier kann ich Ihnen ganz andere Sachen berichten.

Es war eine laue Sommernacht, als ich Robert kennenlernte. Rotblonde Haare, grüne Augen, stets einen guten Spruch auf den Lippen. »Netter Kerl«,dachte ich, und wir hatten einen schönen Abend zusammen. Wir vereinbarten, daß er mich am folgenden Wochenende besuchen kommen sollte.

Am nächsten Freitag stand er Punkt acht Uhr bei mir auf der Matte und grinste von einem Ohr zum anderen. Ein Blick auf seinen seit mindestens fünf Tagen sprießenden Bart ließ *mein* Grinsen allerdings erfrieren. Ich fand es ziemlich dreist, so zu einem Wochenendbesuch bei mir aufzukreuzen. Aber es sollte noch schlimmer kommen ...

Er rauchte den ganzen Abend selbstgedrehte Zigaretten, und erst jetzt fiel mir auf, wie gelb seine Fingerspitzen waren. Da er ein wenig tief ins Glas geschaut hatte, blieb er über Nacht. Er schnarchte fürchterlich, was meine Nacht nicht unbedingt mit Schönheitsschlaf erfüllte, aber das ist eine andere Geschichte.

Morgens gegen halb sechs sprang er aus dem Bett, seine Nikotinsucht hatte ihn so früh geweckt. Mit meiner Nachtruhe war es – Raucherhusten-bedingt – nun auch vorbei. So stand ich also auf und ging ins Badezimmer. Als ich nach meinem Handtuch griff, glaubte ich für einen Moment zu träumen: Das ehemals blaue Teil war gelb vor lauter Nikotinflecken und die ganze Wohnung übersät mit Tabakkrümeln.

Die Krönung war dann für mich die Tatsache, daß er sich weder wusch noch Klamotten zum Wechseln mitgebracht hatte – und das, obwohl er nachts stark geschwitzt hatte.

Mir blieb nur eines übrig: das gemeinsam geplante Wochenende bereits am Samstagmorgen abzubrechen und ihn vor die Tür zu setzen.

Wie von der Tarantel gestochen zog ich das Gästebett ab und warf die Waschmaschine an. Das Handtuch bekam durch diesen Waschgang zwar auch seine ursprünglich blaue Farbe zurück, aber ich verwende es seitdem nur noch als Gästehandtuch, weil ich sonst jedesmal an Robert denken muß.

Die Ursache für diese schmutzigen Spiele? Tja, hier gibt es mehrere Varianten. In allen Fällen ist er schwer vernachlässigt worden, sei es durch die Scheidung der Eltern oder durch die Berufstätigkeit beider Elternteile. Es muß noch nicht einmal so sein, daß auch seine Eltern ungepflegt sind, aber dadurch, daß ihm niemand die Wörter »Wasser« und »Seife« buchstabiert hat, ist hier einiges im argen geblieben.

Ist er therapierbar? Oh ja, sogar ziemlich einfach. Die meisten Männer sind verdammt eitel, und über diese Schiene bekommen wir sie dazu, ein bißchen mehr auf sich zu achten. Packen wir den Knaben doch einfach bei seinem Stolz! Zwar wird aus ihm nie ein Saubermann werden, aber auf Neurosen dieser Art können wir durchaus gerne verzichten.

So, meine Süßen, soweit das Schreckenskabinett einer bunten Männersammlung.

Zu erwähnen bleibt noch, daß es natürlich auch die wildesten Mischungen dieser Typen gibt: Der Eifersüchtige kann gleichzeitig eingeschnappt sein, der Macho ein Muttersöhnchen (übrigens eine ganz ekelhafte Kombination), und gerade Fetischisten sind nicht davor gefeit, manchmal Ordnungsfanatiker zu sein.

Da kann es natürlich schwierig werden, denn wenn sich solche Probleme summieren, ist guter Rat teuer.

Aber einen Tip kann ich Ihnen vorab schon einmal geben: Zum Glück gibt es Männer wie Sand am Meer. Ihre Macken haben sie alle, suchen wir uns am besten den heraus, der für unsere Nerven das geringste Übel darstellt.

Sind Männer therapierbar?

Oh, oh, meine Lieben, ich befürchte, hier gibt es nicht viel Gutes zu berichten. Der Wille, sich therapieren zu lassen, setzt nämlich die Bereitschaft voraus, sich zu ändern. Und noch schlimmer: sich zuerst einmal seine Fehler einzugestehen. Das wäre so etwas von unmännlich, daß man mir den Mann erst einmal zeigen müßte, der sich darauf einläßt.

Dennoch: Einige Kerlchen wissen instinktiv ganz genau, daß sie unserer Hilfe bedürfen – und sie nehmen sie sogar gerne in Anspruch.

Die Basistherapie sieht jedenfalls bei allen Männern gleich aus, denn die Hauptursache für alle männlichen Schäden ist immer die gleiche: ein Mangel an Liebe. In fast allen Fällen sind sie bereits als Kind emotional zu kurz gekommen und suchen ihr ganzes Leben lang verkrampft nach Anerkennung und Liebe. Besonders ausgeprägt haben wir dieses Phänomen bereits beim Frauensammler kennengelernt. Wie ein Schmetterling von Blüte zu Blüte hastet er von einer Frau zur nächsten, ohne dabei jemals glücklich zu werden.

Auf der Suche nach den Ursachen für die männlichen Schäden ist nicht nur die Kindheit interessant, sondern auch die Zeit der Pubertät, wenn aus dem Knaben ein Mann wird (oder besser gesagt: er versucht, einer zu werden).

Die erste Frau, die einem Mann sexuell begegnet, ist prägend für sein weiteres Leben. Mein Freund Peter hat seine ersten Erfahrungen mit einer viel älteren Frau gemacht. Er war sechzehn und sie fast vierzig. Seit diesem (wie er sagt für ihn wundervollen) Erlebnis habe ich ihn nur mit Frauen gesehen, die einige Maimonate älter waren als er. Da ich der Meinung bin, daß jüngere Männer ungemein beflügeln, kann ich diese Entwicklung nur begrüßen.

Anders liegt der Fall bei Sven. Ihn kenne ich fast schon zwanzig Jahre und habe mich immer gefragt, wo die Ursache seiner Verstörtheit liegt. In einer lauen Sommernacht – er hatte mindestens ein Glas Bowle zuviel intus – berichtete er mir von seiner ersten Frau. Er war siebzehn, und da es absolut nicht klappen wollte (warum auch immer), ist sie in schallendes Gelächter ausgebrochen. Das führte bei dem armen Kerl zu einem Trauma, das sich wie folgt äußert: Zum einen hat er in seinem Inneren Angst vor Sex, zum anderen wechselt er die Frauen wie andere die Hemden und serviert sie dann eiskalt ab, um sich für die Jahre zurückliegende Demütigung zu rächen.

Wir sehen also: In den meisten Fällen sollten wir die Ticks und Macken der Jungs nicht persönlich nehmen, sondern zuerst einmal Ursachenforschung betreiben. Dabei treten die interessantesten Verwicklungen und Komplikationen zutage.

Sind wir wirklich gewillt, dem Mann unseres Herzens zu helfen, sollten wir folgende Punkte abklopfen:

- Wie war seine Kindheit?
- Hat sein Vater ihn mit seiner überstrengen Erziehung überfordert?
- Welcher Typ Frau war seine Mutter?
- Hat er Geschwister? Wenn ja, war er der verwöhnte Jüngste oder der Älteste, der stets die Verantwortung tragen mußte?
- Welche Schulbildung hat er?
- Wie war seine erste Beziehung?
- Wie viele Beziehungen liegen bereits hinter ihm?
- Wer hat sie beendet?
- Wie lange liegt seine letzte Liaison zurück?

Wenn man einen Mann wirklich liebt, schlüpft man natürlich gerne in die Rolle der Therapeutin. Die Aussicht, aus einem dieser verstörten Kerlchen einen guten Freund und Partner zu machen, ist sehr verlokkend. Als Frau will man die Welt halt doch immer ein Stück besser und schöner machen – und damit auch den uns anvertrauten Mann.

Vorsicht ist allerdings geboten, wenn Sie sich plötzlich so vorkommen wie sein Haus- und Hofpsychiater und selbst anfangen an seinen Problemen zu verzweifeln. Dann gibt es nur noch eines: den Knaben beim nächsten Seelenklempner auf die Couch zu legen und sich ein pflegeleichteres Exemplar Mann zu suchen. Da man bis zur Jahrtausendwende mit einer Gesamtbevölkerung von 6,25 Milliarden Menschen rechnet, sollte der ein oder andere Mann für uns doch sicherlich dabeisein!

Kann man Männer überhaupt begreifen?

Die gehirnelektrische Forschung ist mittlerweile sehr weit gediehen und hat ganz erstaunliche Ergebnisse zutage gebracht. So weiß man heute um die Bedeutung der Alphawellen im Ablauf des Hirngeschehens.

Die Wissenschaftler haben jede Menge Experimente und Versuche gemacht, die uns dieses Wunderwerk der Schöpfung erhellen.

Doch sind diese Versuche auch tatsächlich an Männern gemacht worden? Glaubt man meiner Freundin Barbara, so kann das nicht der Fall sein, denn die Theorien der (meist männlichen!) Wissenschaftler und der graue Alltag an der Seite der Jungs weichen doch zu sehr voneinder ab.

»Ich verstehe die Kerle überhaupt nicht«, jammerte sie des öfteren, »was wollen sie denn überhaupt?«

»Nichts, meine Süße, nur ihre Ruhe wollen sie!« Meine Antwort kam ziemlich unterkühlt, und ich fügte noch hinzu: »Versuch gar nicht erst, sie zu verstehen. Wir beide könnten hundert Jahre alt werden und immer noch genau so schlau sein wie heute, was Jungs angeht!«

Ernüchternd, aber wahr. Man kann männliches Verhalten nicht anhand wissenschaftlicher Erhebungen oder gar logischer Maßstäbe erklären. Daher sollten wir gar nicht erst damit anfangen, es zu versuchen. Manchmal habe ich das Gefühl, die Jungs verstehen sich selbst nicht so recht. Warum also sollte es uns traumhaften Geschöpfen anders mit ihnen ergehen?

Die meisten Männer sehen gar keine Notwendigkeit, einmal über sich nachzudenken – und verstehen sich daher selbst nicht.

Für uns Frauen stellt sich die Welt ganz anders dar. Auch heute noch müssen wir uns im Beruf durchboxen, stehen vor der Frage »Kind oder Karriere?« oder müssen feststellen, daß man als Frau oft für blöd gehalten wird. Durch diese Widrigkeiten bedingt, sind wir gezwungen, über uns nachzudenken, über unsere Wirkung auf die Umwelt und deren Auswirkungen auf uns. Das ist sicherlich nicht immer einfach, macht uns aber zu reflektierenden Wesen, die über das Leben als solches nachgedacht haben und auch mal über sich selbst lachen können.

Lassen wir an dieser Stelle Catherine Deneuve sprechen – für mich übrigens nach wie vor die schönste Frau der Welt. Das kurze aber bündige Resümee der Leinwandgöttin: »Alle Frauen arbeiten mehr als Männer, denn alle Männer sind faul.«

Das mag stimmen, aber ob es Licht in die Dunkelheit der männlichen Abgründe bringt?

Nichtsdestotrotz und man kann es nicht oft genug betonen: Starten Sie bitte niemals den Versuch, ernsthaft über Männer nachzudenken.

Am besten, wir lieben oder hassen sie so, wie sie sind. Das ist besser für alle Beteiligten: die Jungs, unsere Nerven und unseren Teint.

Das Online-Übersetzungsprogramm

»Kannst du dich vielleicht mal deutsch ausdrücken?« sagte ich zu meinem alten Freund Peter, »warum sagst du nicht einfach, was du möchtest?«

Vielleicht ist es Ihnen auch schon einmal aufgefallen: Entweder die Kerle sind so direkt, daß einem schlecht wird, oder sie reden so um den heißen Brei herum, daß wir einen Dolmetscher brauchen, um sie überhaupt zu verstehen.

Die Sprachforschung drückt es folgendermaßen aus: Kommunikation bedeutet einen Austausch von Informationen zwischen zwei oder mehreren Personen, man spricht dabei auch von Interaktion. Für die sprachliche Kommunikation von zwei Menschen ist es wichtig, daß Sender (= der Sprechende) und Empfänger (= der Zuhörende) sich gegenseitig abwechseln. Dies ist dann eine zweiseitige Kommunikation.

Aber gerade hier liegt das Problem: Die wenigsten Männer können zuhören und sind daher immer nur als »Sender« tätig. Doch gerade durch das Zuhören bildet sich die Fähigkeit aus, die Sprache als Kommunikationsmittel einzusetzen. Wenn die Jungs sich dann äußern, können sie oftmals nicht auf den Punkt kommen, sondern umschreiben das, was sie eigentlich sagen wollen, mit ganz anderen Worten.

Das ist wirklich ein Problem, aber ich kann hier ein paar kleine und recht hilfreiche Übersetzungshilfen anbieten.

Dafür wollen wir einige Aussagen der Bürschchen unter die Lupe nehmen, um sie dann für die normal gebildete Frau unserer Tage ins Deutsche zu übertragen.

Was er sagt: »Trägst du deine Haare immer glatt?«
Was er meint: »Ich finde deine Frisur einfach langweilig, eine Dauerwelle würde dir sicher besser stehen.«

Er sagt: »Stellst du die leeren Flaschen eigentlich nie in den Kasten zurück?«
Er meint: »Fällt dir denn gar nicht auf, wie unordentlich du bist?«

Er sagt: »Ist dieses Kleid neu?«
Er meint: »Du gibst aber ganz schön viel Geld für deine Klamotten aus.«
oder aber auch:
»Am liebsten würde ich dir diesen Fummel direkt vom Leibe reißen und . . .«

Er sagt: »Ich bin kein Mann für eine Nacht.«
Er meint: »Dein Körper ist so heiß, daß ich ihn gerne mehrmals benutzen möchte, ehe ich mir etwas Neues suche.«

Oh, diese Kerle. Wir gut, daß wir über gute Ohren und kurvenreiche Hirnwindungen verfügen!

Des Mannes ewige Suche nach der Mutter

Ein kleiner Trost vorab: Dem Typ Muttersöhnchen kommen wir relativ schnell auf die Schliche, wenn es auch sehr ernüchternd ist, was für winselnde Wesen hinter der nach außen hin oft sehr männlich erscheinenden Schale stecken. Auch mir blieb diese Erfahrung leider nicht erspart.

Es war vor fünf Jahren, als ich Jörn kennenlernte. Wir hatten uns in einem netten Restaurant verabredet, und das Essen war hervorragend – seine Stimmung jedoch keineswegs.

»Was ist los mit dir?« fragte ich ihn, denn irgendwie wollte es mir nicht einleuchten, daß jemand, der mit einer der aufregendsten Frauen ausgeht, schlechte Laune haben kann. »Ich war eben bei meiner Mutter, es ging ihr nicht so gut«, gab er zur Antwort. Mit dem Erfahrungsschatz, den ich heute habe, würden bei mir alle Alarmglokken läuten, und ich wäre noch vor dem Dessert verschwunden. Damals jedoch fand ich diesen Mann total nett. Er hatte es sogar geschafft, meine mütterlichen Instinkte zu wecken, weil er mir ein bißchen leid tat. Jedenfalls ließ ich mich auf eine Beziehung mit ihm ein.

Sehr schnell ging es mir allerdings auf die Nerven, daß er mich mehrmals täglich mit seiner Mutter verglich. Sie kochte dieses besser, sie machte jenes anders als ich, vor allem aber war sie angeblich ordentlicher als ich.

Versuchte ich am Anfang noch, seinen Ansprüchen gerecht zu werden, war ich irgendwann nicht mehr gewillt, dieses Spielchen mitzumachen. Einmal stellte ich ihm die Frage, ob er denn schon beim Papst den Antrag gestellt habe, seine liebliche Mama heiligsprechen zu lassen. Er hatte diesen Witz aber leider nicht verstanden und schaute mich nur völlig verständnislos an.

Die Krönung war dann unser erstes gemeinsames Mittagessen bei seiner göttlichen Mami, zu dem ich völlig nichtsahnend ging. Sie klappte einmal ihre Kinnlade nach unten und fand mich vom ersten Moment an unausstehlich – ich sie übrigens auch. Jörn war mit seiner Mutter allein großgeworden, sein Vater hatte das Glück gehabt, frühzeitig zu sterben.

Wenn die gute Frau überhaupt jemals von einer potentiellen Schwiegertochter geträumt hatte, dann von einer, die sich morgens das Gesicht mit Kernseife abschrubbt und sonntags einen Tupfer Niveacreme auf die Lippen gibt – und damit lag sie bei mir meilenweit daneben.

Als der gute Jörn uns beide so nebeneinander sah, erstarb seine Liebe für mich, hatte ich doch so viel mit seiner holden Mutter gemeinsam wie Naomi Campbell mit Ministerin Claudia Nolte. Am selben Abend noch packte ich meine Sachen in den großen Koffer und verschwand aus seinem Leben.

Doch damit nicht genug: Es passierte mir nochmal. Diesmal hieß er Martin und erschien anfänglich völlig unverdächtig. Merkwürdig kam mir die Sache erst vor, als wir in meiner Lieblingsboutique standen und er mir unbedingt ein currygelbes Kostüm andrehen wollte. Besonders in dieser Farbe sehe ich zum Weglaufen aus. Unser Einkaufsbummel endete jedenfalls ziemlich lautstark.

Ich hatte diesen Vorfall bereits vergessen, als Martin mich mit folgendem Ansinnen vom Friseur abholte: »Warum läßt du dir die Haare nicht mal kurz schneiden und dunkel färben?« In diesem Moment fragte ich mich allen Ernstes, ob er nun übergeschnappt sei, denn kurze und dazu noch dunkle Haare sind völlig an meinem Typ vorbei.

Kurze Zeit später merkte ich, was hier gespielt wurde. Ein Besuch bei seinen Eltern ließ es mir wie Schuppen von den Augen fallen: seine Mama hatte kurze, dunkle Haare – und trug am liebsten Klamotten in Gewürzfarben – z. B. in Currygelb.

Es wurde mal wieder Zeit für mich, meinen großen Koffer zu pakken, denn Mutters Ebenbild zu werden reizte mich ungefähr soviel wie Bauchschmerzen zu haben!

Ach, meine Lieben, wo wir gerade so schön am lästern sind, muß ich Ihnen noch die Geschichte von Joost erzählen.

Auch er war eigentlich ein netter Kerl, aber ich konnte mir wahrlich keinen Reim darauf machen, warum er so verrückt nach rothaarigen Frauen war. Sobald irgendwo eine Rothaarige an ihm vorüberzog, stieg sein Blutdruck, er wechselte die Gesichtsfarbe und verdrehte dermaßen den Kopf nach ihr, daß man wirklich Angst haben mußte, der arme Kerl würde sich das Genick ausrenken. Da es noch nie eine rothaarige Frau in seinem Leben gegeben hatte, konnte ich keine Erklärung für dieses Faible finden. Noch nicht einmal seine Mama war rothaarig. Dachte ich, zumindest bis zu dem Tag, als ich sie im Krankenhaus besuchte. Sie lag schon seit sechs Wochen wegen eines Oberschenkelhalsbruchs dort und war dementsprechend lange nicht mehr zum Nachfärben beim Friseur gewesen. Ein Blick auf ihren Haaransatz bestätigte mir meine Theorie, denn dort lachten mich zwei Zentimeter roter Haare an. Sie waren so etwas von rot, daß mir sofort klar wurde, warum Joost immer bei diese Haarfarbe Stielaugen bekam.

»Wann hat deine Mutter eigentlich mit dem Haarefärben angefangen?« fragte ich ihn bei nächster Gelegenheit. »Relativ spät, ich war vielleicht zwanzig« klärte er mich auf. Die für ihn prägenden Jahre hatte er also mit einer rothaarigen Frau verbracht. In seinem Fall war es absolut hoffnungslos, als Brünette sein Glück bei ihm zu versuchen. Selbst für mich als Urtyp der Blondine wäre es vergebene Liebsmühe gewesen, an seinem Tick irgend etwas ändern zu wollen.

Hier wird deutlich, daß diese Jungs im Prinzip immer auf der Suche nach dem Ebenbild ihrer Mutter sind. Ich bin der Meinung, auf Spielchen dieser Art sollten wir uns noch nicht einmal ansatzweise einlassen. Auf jeden Fall haben diese und andere Erlebnisse einen absoluten Haß auf Muttersöhnchen in mir erzeugt, und ich kann Ihnen nur einen gutgemeinten Rat ans Herz legen: am besten niemals!

Die Ursachen liegen ganz klar: Mütter dieser Sorte sehen ihren Sohn als Ersatzmann. Entweder weil der Ehemann tot ist oder er sie nicht mehr liebt. So wird die ganze Liebe auf den Sohn projiziert. Meistens ist er Einzelkind, oder er hat nur noch Schwestern. Da er quasi zum Herrn des Hauses von ihr gemacht wurde, ist eine Beziehung mit ihm sehr problematisch, da er dadurch sehr ausgeprägte Machoallüren hat – auch wenn er sich Mami gegenüber wie ein Waschlappen benimmt. Vor allem aber wird er sein Leben lang nur eine Frau lieben können: seine teure Mama. Leider auch dann, wenn sie schon lange tot ist.

Mein abschließendes Urteil: ein aussichtloser Fall, bei dem keine Therapie der Welt anschlägt und der nur eine Möglichkeit für uns offenläßt: nämlich die, sich ganz schnell zu verdrücken. Von meinem großen Koffer habe ich Ihnen ja bereits erzählt.

Wie war das eigentlich früher?

»Früher war alles besser!« So lautet ein Ausspruch von Hilde, einer Freundin meiner Mutter. Aber war es das wirklich? Oder waren die Jungs damals schon genauso durch den Wind wie heute?

Eine schwere Frage, die man nicht einfach mit ja oder nein beantworten kann. Fangen wir daher einmal von vorn an.

Wenn ich meine liebe Mutter anschaue, fällt vor allem eines auf: Sie ist lieb. Die meisten Frauen dieser Generation sind das einfach, und vielleicht auch ein bißchen naiv. Konnten die Jungs ihnen daher vielleicht etwas vormachen? Zweifellos, und sie haben es ausgenutzt. Das Merkwürdige: es ist den Mädels damals nie komisch vorgekommen – oder gar verdächtig. So haben die Kerle sich in ihrer Position sonnen können. Erst in den achtziger Jahren haben wir uns auf den Weg gemacht und mal so richtig schön aufgeräumt. Mit Cleverneß, der gehörigen Portion Sex-Appeal und der vielgerühmten Frauenpower haben wir den Jungs gezeigt, daß solche Machtspielchen mit uns so nicht laufen. Das war zwar manchmal ein harter Brocken, aber es hat sich wahrlich gelohnt!

Vor allem fällt folgendes ins Auge: Viel zu melden hatten die Frauen lange nicht. Bereits in der Bibel schrieb Paulus es recht deutlich: »Die Frau hat in der Gemeinde zu schweigen!« Obwohl sich Jesus zur Sexualität kaum geäußert hat, pries Paulus die Enthaltsamkeit. Doch wer sich nicht beherrschen könne, solle sich halt verehelichen: »Es ist besser zu heiraten als zu brennen.« Die sexuelle Lust wurde rigoros und autoritär geächtet – mit den bekannten verheerenden Auswirkungen.

Wie schön klingt dagegen das Hohelied in der Bibel, welches allerdings schon die Kirchenoberen des Mittelalters irritierte. Was mußten die hohen Würdenträger dort nicht alles lesen: von Brüsten, die wie junge Zwillinge von Gazellen sind oder vom Schoß des Mädchens, der wie ein runder Becher ist, dem es nimmer an Getränk mangelt. Um das Schlimmste zu vermeiden, verkündete man, daß dies alles nur symbolisch gemeint sei. Wir sehen, daß auch die Jungs damals zwar Spaß daran hatten, es aber totgeschwiegen.

Und wie war das bei den vielleicht doch nicht so edlen Rittern? Sie übten völlige Kontrolle über ihr Burgfräulein aus, das als holde Maid durchs Leben gehen sollte. Die Erfindung des schmiedeeisernen Keuschheitsgürtels machte es möglich. Daß der Schmied, der dieses Teil kreiert hat, ein Mann war, brauche ich wohl nicht weiter zu erwähnen.

Im puritanischen England des 17. Jahrhunderts sollten Frauen nicht nur keine erotischen, sondern möglichst überhaupt keine Wünsche haben. Vor allem hatten sie sich nicht an die Öffentlichkeit zu drängen. Wie hieß es damals doch so schön: »Denn eine Frau, die ihren Körper verkauft, ist keineswegs schändlicher als eine, die ihren Geist feilbietet.« Na bitte!

Eine rühmliche Ausnahme in der Historie gibt es aber doch, zumindest der Sage nach: die Amazonen. Bei diesen matriarchalischen Geschöpfen hatten die Jungs nicht viel zu melden, sondern lediglich die Aufgabe, für Nachwuchs zu sorgen (und damit, ganz nebenbei bemerkt, natürlich auch für den Spaß).

Als bedauerlich empfinde ich allerdings die Tatsache, daß sich die Mädels angeblich die rechte Brust amputierten, um ungehindert mit Pfeil und Bogen hantieren zu können. Das muß es ja vielleicht auch nicht unbedingt sein!

Aber was haben uns eigentlich die neunziger Jahre in Sachen Gleichberechtigung gebracht?

Nun, so gänzlich ausgerottet ist die Vorstellung bei einigen Herren der Schöpfung wohl noch nicht, daß wir Frauen uns lieber zurückhalten sollten – in mancherlei Weise. Wer wollte bestreiten, daß intellektuelle und sexuell fordernde Frauen die Knaben auch heute noch ängstigen.

Gerüchteweise habe ich allerdings gehört, daß sich unsere Bemühungen um die neue Definition der Geschlechterrolle bei einigen Männern sogar dahingehend auswirkten, daß sie angefangen haben nachzudenken: über sich, die Frauen, die Beziehungen untereinander und über das Leben schlechthin!

Sollte das stimmen, können wir uns freuen. So ganz kann ich es allerdings noch nicht glauben. Leise Zweifel im Zusammenhang mit Männern sind wohl stets angebracht.

Also, weinen wir den alten Zeiten nicht hinterher, so toll hatten es die Frauen nicht. Die Männer aber waren zu allen Zeiten eines, nämlich Männer – und somit, ganz unabhängig von der jeweiligen Epoche, schwierig, schwierig, schwierig. *Tant pis!*

2. Kapitel
Die Frau seiner Träume – und die Realität

»Ich denke,
also bin ich.«
René Descartes (1596–1650)

Die Penthouse-Blondine

»Die Jungs träumen alle von der Penthouse-Blondine, aber heiraten werden sie dann doch die sittsame Brünette von nebenan.« Dieser Ausspruch meiner Freundin Eva trifft den Nagel auf den Kopf. Traum und Realität liegen bei Männern eben meilenweit auseinander.

Erst kürzlich mußte ich es am eigenen Leib feststellen. Ich war in einer dieser wahnwitzigen Szenekneipen, als ich bemerkte, wie so ein schnuckliges Kerlchen auf Teufel komm raus mit mir flirtete. Nach einer Weile kam er zu mir herüber und plauderte unglaublich charmant. Wenn ich noch Illusionen bezüglich der Männer hätte, wäre ich sicher schwach geworden. »Du bist genau der Typ Frau, den ich immer gesucht habe«, säuselte er mir ins Ohr, »kühl und blond. Das ist der Gipfel für mich!«

Tja, wie schön für ihn, denn plötzlich ging die Tür auf, und seine Freundin stand vor uns. Just in diesem Moment fühlte ich mich wie besagte Penthouse-Blondine, die vom Cover des berühmten Männermagazins herunterlächelt. Seine Freundin war derart sittsam und brünett, daß mir schlecht wurde. Küßchen links, Küßchen rechts. Mich kannte er urplötzlich nicht mehr.

In den feuchtfröhlichen Träumen der Knaben ist die Penthouse-Blondine zwar das Objekt der Begierde, aber im Alltag sieht die Frau seiner Wahl doch eben ganz anders aus.

»Woher kommt das nun wieder?« werden Sie mich mit Recht fragen.

Nun, die Jungs träumen von dem Moment an, wo bestimmte Körperteile anfangen, ihren mannhaften Körper mit Hormonen zu durchfluten. Zu diesem Zeitpunkt sind die einschlägigen Magazine wie »Playboy«, »Hustler« oder eben »Penthouse« mitsamt diesen wunderbar drallen Mädels auf den Covern die bevorzugte Lektüre, um gewissen Gefühlen Raum zu geben. (Habe ich das nicht schön umschrieben?)

Dadurch wird die Aufmerksamkeit der pubertierenden Knaben auf ein Frauenbild gelenkt, das folgendem Klischee entspricht: prall, kurvenreich – und zumeist blond. Wenn es ginge, würden die Knaben diese Blondine sicher ehelichen, aber wir wissen ja, warum. Trotz dieses blond-pubertären Einflusses bleibt das Bild *einer* Frau stets in seinem Gehirn haften: das seiner Mutter, und die sieht in den seltensten Fällen so aus wie das Covergirl der besagten Magazine.

Das Ergebnis: Im Herzen ist und bleibt die Penthouse-Blondine das Objekt seiner Begierde. Sein Verstand hält hingegen immer ein großes Stopschild hoch und ruft ihm zu: »Großhirn an Emotionszentrum: Immer schön sittsam bleiben!«

Was soll ich Ihnen noch groß erzählen über die Knaben? Sie kennen ja sicher genügend Exemplare dieses Kalibers und wissen daher längst, wo der Hase begraben liegt.

Traum und Wirklichkeit unterscheiden lernen

Dieses Syndrom kann man in vielen Beziehungen beobachten: Während uns die Jungs am Anfang noch wegen unseres Aussehens bewundern, versuchen sie später mit aller Energie, unscheinbare Mäuschen aus uns zu machen.

»Findest du deinen Rock nicht ein bißchen kurz? Du rennst rum wie eine Siebzehnjährige!« So dringt es nach einiger Zeit an unser süßes Mittelohr. Man könnte meinen, urplötzlich einen anderen Mann vor sich zu haben.

Tiefe Ausschnitte, transparente Stoffe und *High-heels*: Wenn es nach ihm ginge, sollten diese Accessoires von nun an der Vergangenheit angehören. Jetzt heißt es für uns nur noch sittsam und anständig sein, vor allem aber: hochgeschlossen.

Zum Glück steht jedoch eines fest: Frauen wie wir werden den Teufel tun und uns diesem Diktat beugen. So toll, schön und unwiderstehlich kann kein Mann der Welt sein!

Trotzdem nun die Frage: Wie kann man den Knaben diese Marotten abgewöhnen? Männer halten sich für Kopfmenschen und sind daher nur auf dieser Schiene zu überzeugen. Also müssen wir den Knaben eintrichtern, daß all die modischen Attribute nicht den Zweck haben, anderen Männern den Kopf zu verdrehen, sondern nur den einen, nämlich ihnen zu gefallen. Ob das wirklich immer so ist, wollen wir mal dahingestellt sein lassen, aber kleine Schwindeleien sind im Umgang mit den Jungs stets erlaubt.

Bevorzugen Männer schöne Frauen?

Vor einigen Jahren suchte ich einen neuen Job. Ich machte mir den Spaß und verschickte meine Bewerbungsschreiben in zwei verschiedenen Versionen: Auf dem Foto des »sittsamen« Schreibens hatte ich (dank einer Tönung) mausblonde Haare, war kaum geschminkt, trug eine hochgeschlossene Bluse und sah richtig zum Weglaufen aus.

Schreiben Nummer zwei war die schärfere Version: die Haare goldblond, glänzend und hochgesteckt, ein schwarzes Oberteil mit weit geöffnetem Reißverschluß und kirschrote Lippen.

Nun raten Sie mal, auf welche der beiden Bewerbungen die meisten Einladungen zum Vorstellungsgespräch kamen. Richtig, natürlich auf die schärfere Version – und es waren alles männliche Personalchefs, die mich zum Gespräch baten.

Wer behauptet, daß Äußerlichkeiten unwichtig seien, der glaubt wahrscheinlich auch an den Weihnachtsmann. Gerade im Berufsleben kommen attraktive Frauen auf der Karriereleiter häufig weiter nach oben als die graue Maus, die kaum jemand beachtet. Das ist zwar traurig, aber leider Realität.

Auch außerhalb der Berufswelt ist äußerliche Anziehungskraft von Vorteil. Männer steuern automatisch die hübschen Mädels an, wohingegen unscheinbare, vielleicht viel nettere Frauen unbeachtet bleiben.

Doch Vorsicht, die Sache hat einen entscheidenden Haken! Schöne Frauen verstricken sich oft in eine selbstgebaute Falle, die es unbedingt zu vermeiden gilt: In Schönheit zu erstarren und sich innerlich nicht weiterzuentwickeln ist tödlich.

Außerdem gibt es Untersuchungen, die belegen, daß schöne Frauen beim Sex phantasieloser sein sollen als ihre weniger hübschen Geschlechtsgenossinnen.

Wie kommt das? Nun, die Schönheit verläßt sich auf ihre körperlichen Reize, während die nicht so anziehende Maus sich etwas einfallen lassen muß, um die Knaben sexuell zu fesseln.

Also, ob schön oder nicht: Wir Frauen haben einfach das gewisse Etwas und sind den Knaben sowieso haushoch überlegen.

Machen wir uns keine weiteren Gedanken über Äußerlichkeiten, die meisten Knaben, die sich für unwiderstehlich und sexy halten, würden bei der Wahl zum Mister Universe noch nicht einmal in die Vorentscheidung kommen!

Das Look-alike

Meine Freundin Sabine war mehr als entsetzt. Sie hatte ein Foto ihrer Vorgängerin in der Schublade ihres Traummannes gefunden. Und eines von deren Vorgängerin. Sie stellte sich vor den Spiegel, hielt sich ein Bild links und das andere rechts neben das Gesicht. »Glaub mir, Ela, es war wie ein Gesicht. Wir drei hätten Schwestern sein können. Ich wußte in diesem Moment nicht mehr, wer eigentlich ich bin!«

Dieses Symptom ist nicht so selten, wie man meinen sollte. Fragen Sie den Knaben bei nächster Gelegenheit einmal, wie die erste Frau, mit der er geschlafen hat, aussah. In 90 Prozent aller Fälle wird er diesen Typ Frau immer wieder suchen.

Soweit mag das ja auch alles okay sein, aber wenn er beginnt, uns nach dem Bild dieses Prototyps zu formen, wird es Zeit, sich vom Akker zu machen, denn heilbar ist dieser Spleen nicht. Das Frauenbild, das tief in seinem Inneren schlummert, ist nun mal nicht zu ändern. Soll der Knabe doch mit seinem Prototyp glücklich oder von mir aus auch unglücklich werden. Wir sind schließlich keine formbaren Püppchen, die man in ein Schema hineinpressen kann und von denen man meint, sie würden darin ihre Erfüllung finden. Undenkbar!

Damit kommen wir auch schon zu einer sehr wichtigen Frage:

Sollen wir uns ändern?

»Wenn du doch bloß so wärst wie . . .« An die Stelle der drei Punkte können wir alle möglichen Namen einsetzen: den seiner Ex, seiner Mutter oder vom Playmate des Monats.

Auch wenn man solche Sätze nicht für voll nehmen kann (schließlich sind sie von einem Mann geäußert worden), wir sollten sie auf jeden Fall mit einer lässigen Handbewegung abtun. Aber sie sind das erste Alarmzeichen, daß in unserer Beziehung etwas nicht stimmt. Wenn solche Träumereien bereits konkrete Formen angenommen haben und die Knaben uns auf Teufel komm raus ändern wollen – sei es äußerlich oder charakterlich –, so ist das ein untrügliches Zeichen dafür, daß sie uns nicht so lieben und akzeptieren, wie wir sind. Doch ist nicht gerade das das Schöne an der Liebe: so akzeptiert zu werden, wie man ist, ohne sich großartig ändern oder verstellen zu müssen? Kleine Kompromisse sind jedoch hier und da immer nötig.

Fazit: Wenn der göttliche Knabe absolut der Meinung ist, daß wir uns ändern müßten, so soll er bleiben, wo der Pfeffer wächst. Ich für meinen Teil möchte so geliebt werden, wie ich bin: blond, schrill und witzig.

Bislang ist es mir immer gelungen, den Jungs diese Mixtur schmackhaft zu machen!

3. Kapitel
Auf der Suche nach dem Richtigen

»Wer einen guten Weg finden will, für den ist es förderlich, die Ausweglosigkeit gründlich durchgehalten zu haben.«
Aristoteles (384–322 v. Chr.)

Murphy's law

Es war einmal ein kleiner, dicker Luftfahrttechniker aus Amerika mit Namen Edward Aloysius Murphy. Ende der vierziger Jahre sollte er für die Luftwaffe unfallsichere Pilotensitze konstruieren. Und weil er im Laufe seiner Karriere so viele Pannen, Fehler und Malheurs aller Art erlebte, glaubte er, daraus ein Gesetz ableiten zu können:

»Alles, was schiefgehen kann, das geht auch schief.«

In dieselbe Kategorie fallen Sätze wie: »Das Brot fällt immer auf die Butterseite.« Die Spanier klagen in einer Redensart: »Der Fleck landet immer auf dem besten Kleidungsstück«, und schon in einem alten Gedicht aus Ägypten heißt es: »Das Fehlerhafte durchstreift die Erde, und kein Ende ist in Sicht.«

Von meiner Freundin Steffi höre ich Aussprüche dieser Art leider auch oft. Ganz besonders, wenn sie von der Suche nach ihrem Traummann redet. Ihre Versionen von Murphys Gesetz lauten dann folgendermaßen: »Wenn ich einen Mann kennenlerne, dann geht es sowieso immer schief« und »Treffe ich endlich einmal einen netten Kerl, ist er bestimmt besetzt«. Oder die ganz schlimme Variante: »Alle meine Männerbekanntschaften enden ohnehin in einem Fiasko.«

Trotz aller Bemühungen und ausgeklügeltster Therapieansätze habe ich es bislang nicht geschafft, ihr diesen Unsinn auszureden. Denn – Sie merken es sicher schon – ich bin kein Freund der Theorie des Herrn Murphy.

Natürlich wissen wir alle, daß bei Männern immer Vorsicht angebracht ist, aber zu glauben, daß mit den Jungs das Fiasko vorprogrammiert wäre, halte ich für völlig übertrieben. So omnipotent sind sie nun weiß Gott nicht, daß sie unser Leben derart ins Wanken bringen könnten.

Einer meiner Theorien zufolge fällt man früher oder später in das schwarze Loch, das man sich selbst geschaffen hat. Lernen wir einen Mann kennen und haben dabei bereits den fertigen Gedanken »Das bringt sowieso nichts« im Kopf, dann wird es tatsächlich nichts. Daher glaube ich, daß wir bei der Suche nach dem Richtigen mit Herrn Murphy auf keinen grünen Zweig kommen werden.

Dieser Meinung sind mittlerweile übrigens auch einige Soziologen, die es für gefährlich halten, wie sich Murphys Gesetz heute verselbständigt hat. Es verhindert, daß wir danach streben, Probleme zu vermeiden und die Dinge zu ändern. Und gerade auf unserer Suche nach dem Richtigen sollten wir uns darum immer bemühen.

Die Tatsache, daß es Märchenprinzen – wie der Name eben schon sagt – nur im Märchen gibt, ist uns mittlerweile allen bekannt. Aber trotz aller Vorsicht, die im Umgang mit den Jungs geboten ist, möchte ich Ihnen zurufen: »Laßt uns auch das Positive in den Kerlen sehen.« Sonst entdecken wir niemals, daß unter der merkwürdig anmutenden Schale doch ein recht toller Hecht schlummert, den wir vielleicht nur ein wenig hervorlocken müssen, damit er das sein kann, was wir alle erträumen: ein Mann, der gut für unseren Teint, unsere Nerven und unseren Hormonhaushalt ist.

Ach ja, kürzlich ging ich einmal ungestylt durch die Stadt und traf meinen lieblichen Verflossenen. Sofort rief mir mein Kleinhirn ganz im Stil von Herrn Murphy zu: »Der Tag, an dem du einmal kein Make-up trägst, ist der Tag, an dem dir garantiert dein Ex über den Weg läuft.« Au Mann!

Unser Männerbild

»Oh, Ela, gibt es den Mann meiner Träume überhaupt?« seufzte meine Freundin Christa aus tiefster Seele. Ein feuchtes Funkeln in ihren Augen war nicht zu übersehen.

»Vielleicht solltest du ihn dir klonen lassen, meine Süße«, tröstete ich sie, um dann noch zu fragen: »Wie sieht denn dein Traummann eigentlich aus?«

Schon legte sie los: »Groß, breite Schultern, gutaussehend und knackig. Er sollte kochen und bügeln können, zärtlich und doch kraftvoll sein, flippig und gleichzeitig hundekuchentreu!«

»Ach ja, kein Problem!« murmelte ich vor mich hin und wußte in diesem Moment sofort, warum Christas Männersuche seit Jahren erfolglos verlief.

Tagelang machte ich mir Gedanken über mein Traumbild vom Mann. Ich möchte Ihnen noch nicht den Mund wäßrig machen, aber ich habe so ein Exemplar tatsächlich an Land ziehen können. An späterer Stelle werde ich Ihnen mehr darüber berichten.

Trotzdem glaube ich, daß unsere Erwartungen – gerade in meiner Generation – recht hochgeschraubt sind. Viele Frauen glauben nach Jahren der hoffnungslosen Suche noch immer, daß es solche Exemplare, wie sie sich Christa ausmalt, an jeder Straßenecke gibt oder man sie im Supermarkt trifft. Doch leider sind das nur Hirngespinste. Männer sind leider nicht so vollkommen, wie wir sie gerne hätten.

Auch meiner Freundin Simone gebe ich mindestens dreimal pro Monat den Rat: »Sei nicht so verdammt wählerisch. Den Traummann, den du dir vorstellst, mußt du erst backen oder klonen. Außerdem ist der Mann, den du dir wünschst, so perfekt, daß einem schlecht werden könnte.«

Fazit: Ohne Abstriche zu machen, läuft bei der Suche nach einem geeigneten Mann leider wenig bis gar nichts. Selbst die Tatsache, daß wir süßen Mädels perfekt, unwiderstehlich und über jeden Zweifel erhaben sind, täuscht über diese Realität nicht hinweg. Dafür sind wir ja auch Frauen und den Jungs in mancherlei Weise überlegen!

Wenn er doch nur nicht so verdammt gut aussähe

In unseren Köpfen treibt ein Wunschbild vom Aussehen unseres Traummannes sein Unwesen. »Aussehen ist doch Nebensache«, tönt meine Freundin Christa schon seit Jahren, hat aber doch immer denselben Typ Mann an der Angel: breitschultrig, ein bißchen bullig und blond.

Ja, ja, meine Lieben, nicht nur Männer schauen auf Äußerlichkeiten, wir Mädels sind keinen Millimeter besser oder schlechter. Aber wozu auch? Schließlich macht ein netter Männerkörper doch Spaß, schickt unsere Hormone auf den Dancefloor und läßt unseren Teint rosig aussehen.

Trotzdem ist Vorsicht geboten, wenn wir uns von äußerlichen Kriterien blenden lassen. Jenes prickelnde Gefühl, das einen tiefen Blick in blaue Männeraugen (von mir aus auch braune) begleitet, kann einem schon den Teppich unter den Füßen wegziehen oder sogar zum Verhängnis werden. Vor allem dann, wenn es unseren kritischen Blick auf jene Dinge trübt, die sich hinter der sorgsam aufgebauten Fassade verbergen.

Woher kommt es eigentlich, daß wir für uns selber ein so genaues Wunschbild von Mann aufgebaut haben? Nun, ganz einfach. Sie haben vielleicht einen Bruder, den Sie sehr mögen und der genau so aussieht wie der Mann Ihrer heimlichen Träume.

Oder einen Schulschwarm, der damals leider nichts von uns wissen wollte?

Na also, da haben wir es schon!

Meine erste große Liebe war dunkelhaarig, braunäugig und durchtrainiert. Von da an war ich für die nächsten zwanzig Jahre auf diesen Typ Mann festgelegt. Zum Glück endete diese Vorliebe aber nach einer bösen Erfahrung mit so einem Kaliber. »Gott sei Dank«, möchte ich sagen, denn heute weiß ich, daß es viel schöner ist, wenn man für alles offen ist.

Außerdem spielt *ein* Mann eine entscheidende Rolle in unserem Leben: unser Vater. Damit kommen wir zu einem wichtigen Kapitel in unserer Beziehung zum Mann: zu den

Vaterfiguren am Horizont

Wenn wir bei der Wahl unseres Partners immer unseren Vater im Hinterkopf haben, gibt es hierfür mehrere Gründe. Hatten Sie ein gutes Verhältnis zu Ihrem Vater? Haben Sie ihn vielleicht nicht nur geliebt, sondern sogar vergöttert? Dann ist es nicht verwunderlich, daß die Männer Ihres Lebens alle eine gewisse Ähnlichkeit mit ihm aufweisen. So wie bei meiner Freundin Christa: Als Kind von ihrem großen und gutmütigen Daddy auf den Knien geschaukelt, läßt sie sich heute noch am liebsten von diesem Typ Mann verwöhnen.

Ganz anders liegt der Fall bei meiner Freundin Ilona. Ihr Vater ist klein, drahtig und hat zeit ihres Lebens Unmögliches von ihr verlangt: ständige Disziplin, Zucht und absoluten Gehorsam. Man könnte auch sagen, daß er ein Ekelpaket war. Die beiden führten ständig Krieg gegeneinander. Jedenfalls sind die Männer an Ilonas Seite immer das genaue Gegenteil ihres Vaters: groß, lieb und umgänglich.

Es ist irgendwie witzig, daß unser Vater an unserem geistigen Horizont derart präsent ist, wo wir doch als Teenager immer dachten, daß wir in unserer Entwicklung und Meinungsbildung ach so unabhängig von ihm sind.

Wir können es drehen und wenden, wie wir wollen: Unser Vater spielt für unser Leben eine wichtige Rolle, beeinflußt er unseren Geschmack in puncto Männer doch maßgeblich.

Vom Fluch, eine Sexgöttin zu sein

Manchmal ist es wie verhext: Da hat man endlich einen interessanten Mann entdeckt, den man gerne näher kennenlernen würde, und er will nichts von uns wissen.

Erst kürzlich erging es mir so. Er stand auf einer Party neben mir. »Jens heißt er«, klärte mich meine Freundin Simone auf, »und solo ist er auch!« – »Na, dann nix wie ran«, dachte ich. Aber vergeblich, er war so abweisend, wie ich noch selten einen Mann erlebt habe.

Da ich aber nicht auf den Mund gefallen bin, fragte ich diesen *Mister Right Guy*, was Sache sei.

»Du bist mir zu lasziv, ich habe keine Lust, mein Leben an der Seite einer Sexgöttin zu verbringen«, sprachs, drehte sich um und verschwand aus meinem Leben. Peng!

Es stimmt, viele Männer, die mich das erste Mal sehen, denken so über mich. Die Gefahr ist groß, daß man solch eine Wirkung auf die Männerwelt hat, wenn man sich seit Jahren mit dem perfekten Styling, den Geheimrezepten für glänzendes Haar und dem Erreichen der Superfigur schlechthin beschäftigt.

Ach ja, meine Süßen, es ist weiß Gott ein schweres Los, das ich da zu tragen habe. Es ist so verflixt schwer für mich, den Knaben beizubringen, daß ich eigentlich ganz normal bin und daher auch einen durchschnittlichen Mann an meiner Seite haben möchte.

Durch Äußerlichkeiten geben wir den Jungs leider häufig ein anderes Bild von uns, als es der wahren Beschaffenheit unseres Inneren entspricht. Meine Schwierigkeit bestand seit jeher darin, daß Männer meinen, sie müßten der absolute Supermann sein, um neben mir bestehen zu können. Ganz unter uns, meine Lieben: Ich finde Supermänner unausstehlich und könnte mich in so ein Exemplar niemals verlieben!

Ich habe gelernt, mit diesem Zustand zu leben, da ich mich in meiner Haut wohl fühle und nicht anders sein möchte, als ich bin – weder innerlich noch äußerlich.

Für diejenigen von uns Schnuckelmäusen, die durch das Abweichen ihres Äußeren von ihrem Innenleben immer an die falschen Männer geraten, möchte ich folgende Tips geben:

- Überprüfen Sie, ob Ihr Outfit mit Ihrem Seelenzustand und Ihren Absichten in puncto Männerfang übereinstimmt. Wenn Sie in Slingpumps und einem superengen Cocktailkleid auflaufen, dabei aber auf der Suche nach einem ganz lieben Knaben sind, befinden Sie sich auf dem Holzweg!
- Achten Sie auf die Art und Weise, wie Sie in der Öffentlichkeit sprechen. Die Jungs ziehen nämlich jede Menge Rückschlüsse aus unserer Stimme. Wenn Sie dazu neigen, schrill zu sprechen, wird das alle Knaben abschrecken. Aufgekratztes Reden wird die ruhi-

gen und lieben Kerlchen in die Flucht schlagen. Was uns dabei so alles durch die Lappen gehen kann!

Aber, meine Süßen, das wichtigste ist: sich stets selbst treu bleiben!

Schließlich ist es kein Mann der Welt wert, seinetwegen unsere weiblichen Attribute – oftmals schwer erkämpft durch Diäten oder Schwitzen in der Muckibude – auf Eis zu legen. Wenn wir nun mal der Typ Sexgöttin sind, werden die Jungs sich wohl oder übel damit anfreunden müssen, gelle?

Annoncen – Liebe per *blind date?*

> Die klassische Hitchcock-Blondine, alterslos, 174/59,
> sucht männlichen Hauptdarsteller (25–40) für den Film
> ihres Lebens. Bildzuschriften fürs erste Casting unter Chiffre ...

Als ich mit den Recherchen für dieses Buch anfing, habe ich diese Annonce geschaltet, um einmal den Markt für Anzeigen zu testen. Die Resonanz war überwältigend. Ich erhielt über vierzig Briefe, die es zu sichten galt, um sich mit einem Teil der Männer auch zu treffen.

Meine Lieben, ich war erschüttert, wieviel Einsamkeit es gibt. Einer der Knaben schrieb mir aus dem Gefängnis und suchte nun kurz vor seiner Entlassung die Frau, die dann »in Freiheit« mit ihm leben wolle. Ein anderer war seit Jahren Witwer und wünschte sich die holde Maid, die ihn mitsamt seinen fünf Sprößlingen versorgen möge. Als ob ich davon nicht bereits seit Jahren geträumt hätte!

Einige Exemplare konnten auf »normalem« Wege keine Frau kennenlernen, andere entpuppten sich als neurotisch und ansatzweise psychotisch. Vor allem war es quantitativ recht unerfreulich, da ich innerhalb weniger Tage so viele Schwachmaten auf einmal kennenlernte, die sich im Normalbetrieb auf ein ganzes Jahr verteilt hätten.

Natürlich wissen wir alle, wie es in der Welt aussieht. Wird man jedoch so direkt damit konfrontiert, kann es einem ganz schön an die Nieren gehen.

Da ich diese Aktion von Anfang an als Feldexperiment betrachtet hatte, kam ich mir ziemlich gemein vor. Vor allem, wenn einer der Knaben sich hoffnungslos in mich verliebt hatte.

Trotz aller schlechten Erfahrungen (die letztendlich doch zum Happy-End führten – davon erzähle ich Ihnen später mehr) kann ich Ihnen Annoncen als legitimes Mittel bei der Suche nach dem Traummann nur empfehlen. Beide Seiten wissen, daß man auf der Suche nach einem Partner ist. Insofern können wir von einer fairen Ausgangsbasis sprechen.

Auf jeden Fall sollten Sie selbst eine Annonce aufgeben (nicht auf eine antworten). Je witziger und auffälliger der Text, desto größer die Wahrscheinlichkeit, daß Sie waschkörbeweise Post bekommen werden. Zwei Wochen bevor ich die oben genannte Annonce aufgab, hatte ich eine andere Anzeige in die Zeitung gesetzt. Ihr Text war leichter verdaulich:

> Witzig, blond, unkompliziert, 174/59,
> sucht ihr männliches Gegenstück (muß nicht unbedingt
> blond sein). Bildzuschriften unter Chiffre . . .

Durch diese beiden unterschiedlichen Annoncen wollte ich herausfinden, bei welcher die Resonanz größer sein würde.

Sie haben es sicher schon geahnt: der etwas einfachere Text hatte eine wesentlich größere Resonanz als die »Hitchcock-Blondine«. Männer sind offensichtlich allzu einfach gestrickt und suchen daher auch eine einfache Frau mit dem dazugehörigen Annoncentext. Die Reizwörter hierbei sind »witzig«, vor allem aber »unkompliziert«. Dabei läuft im Hirnkino der Jungs eine Gedankenkette ab, die sich auf folgende Formel bringen läßt:

unkompliziert = sie ist willig, wird mich bedienen und ist gut im . . ., na, Sie wissen schon.

Was besonders wichtig ist: Erwähnen Sie die Bildzuschrift. Jetzt höre ich meine Freundin Ester zwar wieder sagen: »Mensch, Ela, Aussehen ist doch nicht alles.« Falsch! Gerade bei dieser Art der Männersuche wird man sehr sensibel für Äußerlichkeiten. Nachdem die Jungs uns jahrelang in Gedanken über den Laufsteg einer Miss-Universe-Wahl geschickt haben, wollen wir jetzt auch mal unseren Spaß haben, gell?

So können Sie in aller Ruhe Ihre Wahl treffen. Sortieren Sie die Briefe vor, und bilden Sie die folgenden Kategorien: »indiskutabel«, »überlegenswert«, »ganz nett« und »auf jeden Fall anschauen«.

Von welcher Seite Sie die Sache nun angehen, ist eine Geschmacksfrage. Wenn man eher so gepolt ist wie ich, fängt man bei den »mustlooks« an. Wenn Sie sich langsam herantasten möchten, beginnen Sie bei »überlegenswert«. Die Indiskutablen sind mittlerweile sowieso schon im Papierkorb gelandet.

Zuerst rufen Sie den Knaben Ihrer Wahl an. Am ersten Telefonat läßt sich bereits viel über ihn erfahren:

- Wie meldet er sich am Telefon (mit Namen oder nur mit »Hallo«)?
- Klingt seine Stimme freundlich?
- Wie sind seine Umgangsformen?
- Kann er sich an Ihre Annonce erinnern? Wenn nicht, hat er die Sache entweder nicht ernst genommen oder in den letzten Wochen auf zehn bis zwanzig andere geantwortet. In beiden Fällen ist Vorsicht geboten!
- Kommen Sie schnell miteinander ins Gespräch? Miteinander reden können ist der Anfang aller Glückseligkeit!

Wenn Sie den telefonischen Check-up absolviert haben, können Sie die ersten Dates vereinbaren. Ganz wichtig: Schrauben Sie Ihre Erwartungen niemals zu hoch. Wenn wir in Gedanken bereits die Hochzeitsglocken läuten hören, geht die Sache unweigerlich schief.

Wählen Sie einen Treffpunkt, der Ihnen bekannt ist. Sich mit einem Unbekannten zu treffen bringt genügend ungewohnte Gefühle mit sich, eine vertraute Umgebung kann helfen. Also: Nichts wie rein in Ihr Lieblingslokal. Günther, der nette Kellner mit der knackigen Figur, ist bestimmt diskret genug, nicht mit der Wimper zu zukken, wenn wir zum vierten Mal in einer Woche mit einem anderen Mann bei ihm auflaufen.

Was ist über das Outfit zu sagen? Nun, zeigen wir dem Knaben am besten direkt am ersten Abend, wo der Hase langläuft.

Haben Sie ein Faible für Designerklamotten? Na wundervoll, dann haben wir ja etwas gemeinsam! Kombinieren Sie doch einfach das scharfe Kleid von Thierry Mugler mit einem Oberteil von Claude Montana. Oder, wenn Sie eher der bodenständige Typ sind: den sportlichen Zweiteiler von Dolce & Gabbana mit einer Jacke von meinem alten Freund Jean-Paul Gaultier. Netter Nebeneffekt: Sollte der Mann dieses Abends zur Kategorie »geizig« gehören, können wir ihn auf diese Art und Weise sofort als indiskutabel outen. Ganz nebenbei läßt sich so herausfinden, ob er ein Schöngeist ist. Das sind die unterhaltsamsten Männer!

Doch egal, wer uns gegenübersitzt: Unser Umgangston sollte lokker und natürlich sein. Geben wir uns einfach so, wie wir sind: anziehend, bezaubernd und charmant! Sich direkt am ersten Abend zu verstellen birgt die Gefahr in sich, eine Rolle zu spielen und nicht man selbst zu sein.

Nun kommt das wichtigste für diesen Abend: Vereinbaren Sie mit Ihrer besten Freundin, daß sie sich ungefähr eine Stunde später im Lokal einfindet. Somit können Sie vermeiden, daß Sie eventuell einen völlig sinnlosen – im schlimmsten Fall unerträglichen – Abend mit dem Kerlchen verbringen müssen. Genau das ist die schlimmste Variante, die uns in puncto Annonce passieren kann: wir sitzen mit einem langweiligen und uninteressanten Mann zusammen, der überhaupt nicht zu uns paßt und mit dem wir uns nichts zu erzählen haben. Wenn wir um acht Uhr nach der Zeit schauen, und eine Stunde später ist es erst zwei Minuten nach acht, wissen wir, daß wir in der Falle sitzen und nur noch eine Möglichkeit haben: uns aus dem Staub zu machen!

Doch nun kommt ja unsere beste Freundin ins Lokal hereingeschwebt. Machen Sie ein Codewort aus. Ist der Typ furchtbar, sagen Sie: »Ach, hallo meine Süße, ich hatte vergessen, daß wir beide heute abend miteinander verabredet waren.«

Nach einem kurzen Geplänkel verabschieden Sie sich von dem Mann, den Sie nie mehr wiedersehen wollen.

Ob er die Rechnung übernehmen sollte oder ob geteilt wird, entscheiden Sie ganz spontan. Ein schlechtes Gewissen brauchen Sie jedenfalls nicht zu haben, denn wie sagte Marilyn Monroe doch so schön: »Ein Mann, der reich ist, ist wie eine Frau, die schön ist.« Haben wir ihm den Abend nicht mit unserer bereits jetzt schon legendär gewordenen Schönheit versüßt? Na also!

Sollte der Knabe sich im Verlauf des Abends als verkappter Traummann entpuppt haben, sagen Sie folgendes zu Ihrer Freundin: »Schön, dich zu sehen, meine Lotos-Blüte. Bist du heute abend auch hier verabredet?« Schlau, wie unsere Freundin ist, wird sie direkt verstehen, daß ihre Dienste hier und jetzt nicht erforderlich sind, und antworten: »Ja, aber wir haben schon gegessen. Jochen ist schon zum Auto gegangen. Ich rufe dich morgen einmal an . . .«

Dann gibt es nur noch eines: Viel Spaß für den Rest des Abends mit Ihrem Annoncen-Adonis!

Eines möchte ich Ihnen am Schluß dieses Kapitels aber doch nicht verschweigen. Meine Aktion hatte trotz aller Unerfreulichkeiten ein Gutes: Ich habe dadurch *den* Mann meines Lebens kennengelernt.

Er hatte auf die anspruchsvollere Hitchcock-Blondinen-Annonce geantwortet. Als ich das beigelegte Foto sah, war mein erster Gedanke: »Ein Mann, der so verdammt gut aussieht, da muß doch einfach etwas faul sein!«

Also arbeitete ich zuerst einmal den anderen Stapel an Zuschriften ab, um ganz zum Schluß wieder bei ihm mitsamt seinem tollen Foto zu landen. Ich dachte bei mir: »Warum eigentlich nicht, jetzt kann es eh' nur noch besser werden«, und rief ihn an.

Es war Dienstag, und wir telefonierten über eine Stunde lang. Es war ausgesprochen nett. Freitags trafen wir uns das erste Mal im Biergarten. Er sah wirklich so umwerfend aus wie auf seinem Foto – und war zudem so nett wie am Telefon.

Am Sonntag gingen wir im Schloßpark spazieren, und plötzlich lag meine Hand in seiner. Wir verbrachten einen wunderschönen Abend zusammen. Es kam mir so vor, als ob wir uns schon jahrelang kennen würden. Das war mir bis dato in dieser Form noch nie passiert.

Ob es kosmisch oder hormonell bedingt war, ist schwer zu sagen. Jedenfalls erwischte es uns beide, und dieser Zustand hält bis zum heutigen Tag an.

Seitdem habe ich einen Mann an meiner Seite, der mich glücklich macht, mich liebt und begehrt. Ohne ihn möchte ich mir mein Leben gar nicht mehr vorstellen.

Tja, meine Lieben, dies als Ermutigung zum Thema »Annoncen«. So hat es ein einzelner Mann doch noch geschafft, das Image der Rasse »Mann-Mensch« zumindest wieder ein bißchen aufzupolieren.

Hormone auf dem Dancefloor

Obwohl die Gefahr besteht, als Sexistin bezeichnet zu werden, habe ich dieses Kapitel über jenes berauschende Phänomen geschrieben.

Ach, meine Lieben, was soll ich Ihnen sagen, es gibt doch nichts Schöneres, als sich am Anblick einer knackigen männlichen Kehrseite zu erfreuen oder auf eine körperliche Erkundungsreise zu gehen und einmal abzuchecken, was sich unter seiner Replay-Jeans so alles verbirgt.

Nach all den Jahren, in denen die Jungs uns als Sexobjekt durch ihre feuchtfröhlichen Träume gejagt haben, finde ich, daß es höchste Zeit wurde, den Spieß einmal umzudrehen.

Besonders bedanken möchte ich mich an dieser Stelle bei meiner Freundin Barbara, die in der Werbebranche tätig ist und ein paar ganz entzückende Werbespots gedreht hat, in denen wir jede Menge nackter männlicher Haut zu sehen bekommen – quadratzentimeterweise sozusagen. Einfach wundervoll!

Noch vor zehn Jahren ist ein Werbespot für ein Rasierwasser aus dem Programm gekippt worden, weil dort für den damaligen Geschmack ein bißchen zuviel von dem männlichen Model zu sehen war. Diese Entscheidung fand ich vollkommen blöd, die Programmmacher waren bestimmt Männer. Was kann man da schon großartig erwarten?

Wie schön ist es dagegen heute: Auch die Männer lassen ihre Hüllen fallen, wie zum Beispiel in diesem liebreizenden Spot für das wohl bekannteste deutsche Buttermilchgetränk, in dem sich ein dunkelhaariges Kerlchen textillos räkelt – an jener prägnanten Stelle lediglich vom Becher des köstlichen Gesundtranks bedeckt.

Jo mei, wenn's schön macht!

Auch die männlichen Models haben endlich begriffen, daß sie mit Hilfe ihrer Haut das Bankkonto füllen können. Auch wenn alle es abstreiten, sie haben ein diabolisches Späßchen dabei, uns ihren Körper zu zeigen. Da muß keiner der Jungs versuchen, mir irgend etwas zu erzählen!

»Wenn du allerdings meinst, wir Frauen würden nun wie hypnotisiert niedersinken, hast du dich geirrt!« sagte ich erst kürzlich zu meinem alten Modelfreund Jack, der seinen Astralkörper für eine amerikanische Werbekampagne entblößt hatte und nun völlig entnervt feststellte, in die Riege der hormonfördernden Objekte eingereiht worden zu sein. Ach Jack, was seid ihr Männer doch naiv!

Auch auf anderen Gebieten hat eine Befreiung stattgefunden. Vor kurzem war ich mit meiner attraktiven und rothaarigen Freundin Rachel in einer Kneipe, wo sie einem der anwesenden Knaben einen kräftigen Klaps auf seinen wohlgeformten Po gab – eine Geste, die noch vor ein paar Jahren lediglich der Männerwelt vorbehalten war. Doch siehe da: Das Kerlchen fühlte sich sogar geschmeichelt, und am Ende des Abends gingen die beiden zusammen nach Hause.

Rachel rief mich am nächsten Tag an und berichtete, sie hätte in dieser Nacht ihre Hormone direkt ein paarmal auf den Dancefloor geschickt. In Gedanken sah ich ihren Teint rosig leuchten.

Ach, meine Lieben, so gesehen sind die Neunziger eine herrliche Zeit für uns zauberhafte Mädels, nicht wahr? Das Schönste: Begriffe wie »Moral« oder »anständig sein« bleiben im Zusammenhang mit diesen schönheitsfördernden Hormonschüben völlig unerwähnt.

Wie gesagt: Wenn's schön macht!

Der Exfreundin-Komplex

Thomas war nett, lieb, zärtlich und was weiß ich noch alles. Kurzum: ein toller Mann. So dachte ich zumindest. Aber nur so lange, bis ich seinen Schwachpunkt entdeckte, und der war ein ausgeprägter Exfreundin-Komplex.

Eine Einladung zu einer Hochzeit brachte mir die Gewißheit, daß er seine Kerstin, die ihn einige Wochen zuvor verlassen hatte, niemals so ganz vergessen konnte. An diesem Abend hatte er nur Augen für sie. Seine Hände zitterten, er zündete sich eine Zigarette nach der anderen an und trank mindestens drei Bier zuviel. Er gab ein klägliches Bild an diesem Abend ab. »Ich glaube, es ist besser, wenn wir jetzt gehen«, meinte ich zu ihm. Auf dem Weg nach Hause brach er in Tränen aus. »Mir ist erst jetzt klargeworden, wie sehr ich sie geliebt habe. Du bist so ganz anders als sie.«

O ja, das war ich wirklich, und, wenn ich das sagen darf, Gott sei Dank: Kerstin maß einen Meter fünfundsechzig und wog knappe achtzig Kilo. Vor allem aber hatte sie eine Eigenschaft, die ich nie zu den meinigen zählen möchte: sie war bitterböse. Das merkte man ihrem zickigen Getue auch an.

Aber was soll ich Ihnen sagen: Thomas war nach wie vor verrückt nach ihr und wünschte sich nichts sehnlicher, als dieses Geschöpf zurückzubekommen. Seit jenem Erlebnis heißt dieser Tick in meinem Freundeskreis nur noch der »Kerstin-Komplex«.

Was steckt nur dahinter, daß die Kerle ihrer Verflossenen so nachtrauern? Nun, hier sind mehrere Dinge zu nennen. Vor allem ist es wohl ihr gekränkter Stolz, daß es eine Frau gewagt hat, sie zu verlassen. Allen Männern gemein scheint wohl folgende Erkenntnis zu sein: Wie toll eine Frau wirklich ist, wird ihnen erst dann bewußt, wenn sie sein Leben verlassen hat. Zu diesem Schluß kam ich bereits vor Jahren, als ich meinen damaligen Freund verließ. Seitdem ist der Kerl wie verrückt hinter mir her, und selbst mehrere Umzüge und eine geheime Telefonnummer konnten ihn nicht davon abhalten, mir auf die Spur zu kommen – einfach fürchterlich.

Es sind leider immer die falschen Männer, die sich für uns ins Zeug legen!

Welche Konsequenzen ergeben sich nun für uns, wenn wir einem Mann mit solcher Marotte begegnen? Ich schlage vor, kurze fünfzehn mit ihm zu machen. »Entweder sie oder ich«, wäre die seichte Variante, das Problem zu lösen.

Aber da dieser ganze Vorgang so unverschämt ist, bin ich dafür, Thomas für die nächsten dreißig Jahre seiner Kerstin zu überlassen.

Sollen die beiden doch so unglücklich miteinander werden, wie sie es verdient haben.

Wir wenden uns am besten solange einem anderen Knaben zu, der Tag und Nacht nur von uns und nicht von irgendwelchen ohnehin uninteressanten Ex-Gspusis träumt, einem Mann mit Geschmack also!

Knackig oder erfahren: welches Schweinderl hätten's denn gern?

Meine Freundin Sabine haut es immer wieder um, wenn sie ältere Männer mit grauen Schläfen sieht. »Einfach unwiderstehlich«, meint sie jedesmal und verdreht die Augen dabei.

Ich hingegen fand von jeher jüngere Männer ungemein beflügelnd. Die älteren Semester haben mich nie sonderlich interessiert. Das hat wohl verschiedene Gründe: Zum einen sicherlich, wenn ich an dieser Stelle mal offen sein darf: Jüngere Männer sind einfach knackiger, und wenn man ein so visueller Typ ist wie ich . . . Na, Sie wissen schon, was ich sagen möchte.

Zum anderen habe ich nie eine starke Schulter zum Anlehnen gesucht, die viele Mädels bei älteren Herren zu finden hoffen. Dafür war ich immer zu selbständig und mußte allein für meinen Lebensunterhalt sorgen. Was ich übrigens auf die Dauer viel befriedigender finde, als sich von irgendeinem alten Daddy aushalten zu lassen.

Aber, wie so oft im Leben, gibt es auch hier kein Patentrezept, zumal alle Altersklassen von Männern ihre Vor- und Nachteile haben. Man kann es vielleicht auf folgende Formel bringen: Ältere Männer sind gut für unseren Intellekt, jüngere hingegen beflügeln unseren Hormonhaushalt. Nun ja . . .

Meine Freundin Lisa würde mir an dieser Stelle sicherlich den Rat geben, mir doch einfach für jede Kategorie den Richtigen zu suchen. Sie tut dies bereits seit über zwanzig Jahren und hat stets eine ganze Männersammlung um sich geschart. »Meine persönliche Trainingsmannschaft«, wie sie zu sagen pflegt.

Im Gegensatz dazu könnte für mich das Wort »monogam« erfunden sein. Daher habe ich mich immer für nur einen Mann zur selben Zeit entschieden.

»Knackig oder erfahren?« läßt sich nicht ultimativ beantworten. Halten wir es daher mit dem Lieblingsausspruch des Sonnenkönigs Ludwigs XIV., der meinte: *»Chacun à son goût.«* Jeder soll nach seinem eigenen Geschmack glücklich werden. Eben Louis!

Altersunterschied – ein Problem?

Wir süßen Frauen der Gegenwart haben es viel besser als unsere Mütter. Uns stehen wunderbare Methoden zur Erhaltung ewiger Jugend und Schönheit zur Verfügung. Außerdem müssen wir uns nicht mehr gegen irgendwelche Konventionen wehren. Früher war es verpönt, wenn eine Frau einen jüngeren Partner hatte. Meine Mutter ist drei Jahre älter als mein Vater, das galt damals als sehr exotisch. Heute hingegen kenne ich Männer, die mehr als zehn Jahre jünger als ich und hin und weg von mir sind.

Nach meinem dreißigsten Geburtstag begann eine seltsame Entwicklung. Auf einmal fingen auch Zwanzigjährige an, sich für mich zu interessieren. Mit zwanzig war ich den gleichaltrigen Jungs ziemlich egal gewesen. Doch nun konnte ich alles nachholen, was ich damals verpaßt hatte. Das Schönste ist, daß dieser Zustand bis heute anhält. Es befinden sich so viele Knaben Anfang Zwanzig in meinem Fanclub, daß ich mich über einen Mangel an Komplimenten nicht beklagen kann.

Ich finde, heutzutage sind wir doch alle so aufgeklärt, daß es völlig egal ist, ob der Mann an unserer Seite mehrere Maimonate jünger oder älter ist als wir. Ob die Kerle zwanzig, vierzig oder schon lange in Rente sind: Schwierig sind sie in jedem Fall, und das ist doch wohl schon traurig genug. Sollen wir uns etwa auch noch Gedanken um ihr biologisches Verfallsdatum machen? Wohl kaum, meine Lieben.

Also: Immer ran an die Jungs, ganz egal, welchen Alters!

Wochenendbeziehungen

»Leider sehe ich Helmut nur am Wochenende«, jammerte meine Freundin Angie. »Wieso leider?« fragte ich zurück, da ich zwei Jahre lang auch einmal eine Wochenendbeziehung hatte und sie wundervoll fand. Aber ich erntete nur einen völlig verwirrten Blick.

Edwin arbeitete als Außendienstmitarbeiter für einen großen Elektronikkonzern. Jeden Montagmorgen verschwand er, um seine Kunden in ganz Deutschland zu besuchen. Am späten Freitagnachmittag war er wieder da, und wir konnten die ganze Sehnsucht, die sich die Woche über angesammelt hatte, ausleben.

Immer, wenn ich Milva singen höre: »Du siehst immer nur mein Sonntagsgesicht, du siehst nie mein Alltagsgrau« denke ich gern an diese Zeit zurück.

Doch dann bekam Edwin einen Rappel und wollte unbedingt noch einmal studieren. Er wollte Lehrer werden. Das bedeutete, daß er von nun an sieben Tage in der Woche zu Hause war. Vor allem nahm er sein Lehramtsstudium auch privat sehr ernst, denn ich war sein liebstes Objekt, das er belehren wollte. Allerdings führte das bei mir zu einem anderen Effekt, dem des langsamen Entleerens, sozusagen Alltagsgrau statt Sonntagsgesicht.

Hatte er die Zahnpastatube eigentlich immer offen liegenlassen? War er früher auch schon so unordentlich gewesen? Alles Fragen, die sich mir plötzlich aufdrängten. Bereits zwei Monate des Zusammenlebens reichten aus, daß ich den Kerl dermaßen leid war und ihn nicht mehr sehen konnte.

Wir trennten uns in aller Freundschaft, bevor es zu noch größeren Ausfällen kommen konnte.

Seit diesem Erlebnis bin ich ein großer Fan von Wochenendbeziehungen. Sicherlich mag es auch Frauen geben, die gerne an jedem Tag der Woche betüddelt werden wollen, aber für mich ist das nichts.

In einer Wochenendbeziehung freut man sich viel mehr aufeinander und hat sich jede Menge zu erzählen, was in der Woche alles passiert ist.

Auf die Tatsache, daß solch eine Partnerschaft auch sexuell sehr beflügelnd ist – schließlich liegen Sehnsucht und Leidenschaft nahe beieinander –, brauche ich wohl nicht näher einzugehen.

Alleine oder zu zweit unglücklich werden?

Meine Freundin Angelika sucht bereits seit Jahren verzweifelt *den* Mann fürs Leben. »Lieber irgendeinen als allein sein!« ist dabei ihre Devise.

Dabei gerät sie natürlich immer wieder an die unmöglichsten Kerle, die sie dann nach kurzer Zeit sitzenlassen. Sie ist jedesmal völlig am Ende, und ich muß sie wochenlang therapieren. Wenn ich dann denke, sie wäre wieder die alte, geht der ganze Ärger von vorne los. Oh, Angelika!

Ein paar Tage bevor ich diesen Abschnitt schrieb, telefonierte ich mit meiner Freundin Rachel. Wir kennen uns mittlerweile schon über zwölf Jahre und haben einiges miteinander erlebt. So auch die Beziehung zu ihrem Oliver, der nach zehn Jahren dermaßen unerträglich geworden war, daß es kaum zu beschreiben ist. Die letzten Monate quälte sie sich mit dem Gedanken an Trennung herum, fand aber nicht den entscheidenden Absprung, um endlich Schluß zu machen. Dabei gab es genügend Gründe: Dauernd überzog er sein Konto, um seine Besuche in Sonnen- und Fitneßstudios oder die dreißigste neue Jeans zu finanzieren. Er lebte nur für sein Äußeres. Zu guter Letzt war er ohne sie in den Urlaub gefahren und hatte sie nach Strich und Faden betrogen. Zufällig hielt sich meine Freundin Ilona gleichzeitig im selben Hotel auf und konnte deshalb in den schillerndsten Farben vom Balzgehabe Olivers berichten.

Spätestens jetzt, dachte ich, würde Rachel ihm den Laufpaß geben. Doch nein, sie meinte: »Zehn Jahre kann man nicht so einfach wegwischen.« – »Ja, aber er konnte es doch auch«, erwiderte ich und gab damit wohl den Ausschlag, daß sie ihre Situation erneut überdachte.

Kurze Zeit später rief sie mich an und fragte, ob ich mit ihr Gardinen und Tapeten für ihre neue Wohnung aussuchen könne. Als wir uns trafen, stand eine ganz andere Rachel vor mir: Ihr Teint sah wieder rosig aus, ihre Augen hatten Glanz, und sie war voll neuer Motivation.

Sie hat die Trennung von Oliver niemals bereut – und sich auch keine Sekunde lang allein gefühlt!

Doch für viele Frauen ist das Alleinsein ein großes Problem. Zugegeben, es handelt sich nicht gerade um einen prickelnden Zustand. Auch ich mußte erst lernen, damit umzugehen. Allerdings hatte ich den Vorteil, daß ich damals froh war, einen kaputten Typen losgeworden zu sein. Es war *die* Erlösung schlechthin!

Nach Jahren der Bitterkeit blühte ich sichtlich auf, lebte wieder *mein* Leben und entdeckte ganz neue Interessen. Ich beschäftigte mich mit Modedesign und fing an, Bücher zu schreiben. Es ergaben sich neue Freundschaften, über die ich bis heute froh bin und von denen ich sehr profitiert habe.

Daher mein Rat: Wenn eine Beziehung so unerträglich geworden ist, daß man nur aus Angst vor dem Alleinsein zusammenbleibt, sind Hopfen und Malz verloren. Trennen Sie sich, bevor es zu spät ist, und fangen Sie an, Ihr Leben zu genießen!

Männer, die einen ablenken und einem die Zeit versüßen, gibt es weiß Gott genug!

4. Kapitel
Das erste Date: böse Falle!

»Objekt für das Subjekt sein
und unsere Vorstellung sein
ist dasselbe.«
Arthur Schopenhauer (1788–1860)

Sie haben ihn auf der Geburtstagsparty Ihrer besten Freundin, im Schwimmbad oder sonstwo kennengelernt. Auf jeden Fall möchten Sie ihn wiedersehen – und er Sie auch. Also vereinbaren Sie doch einfach ein erstes Date mit ihm.

Das erste Treffen ist das wichtigste, und es gibt einige Spielregeln, die es zu beachten gilt. Folgen Sie mir also in das Land der Rendezvous und Schäferstündchen. Genießen wir das Kennenlernen eines neuen Knaben, der unser Leben vielleicht bereichern wird; egal, auf welchem Sektor.

Wer holt wen ab?

Weder noch, meine Süßen!

Wieso nicht? Nun, Ihre und auch seine Wohnung sollten vorerst Niemandsland bleiben. Lernen Sie sich zuerst einmal auf neutralem Boden kennen. So hat niemand einen Heimvorteil, und das Kennenlernen läuft ungezwungener und lockerer ab.

Fragen Sie ihn einfach, wo er hingehen möchte. Wenn er bereits einen Plan für den ersten gemeinsamen Abend gemacht hat, ist das auf jeden Fall ein gutes Zeichen, zeigt es doch, daß sich der Knabe Gedanken um uns gemacht hat.

Wenn er hingegen antwortet: »Weiß nicht, überleg du dir was«, können wir sicher sein, daß er ein Langweiler ist. Oder aber zumindest nicht besonders phantasievoll – wie schade!

Ein gemeinsames Essen ist immer ein guter Start. Wenn er das Restaurant ausgesucht hat, ist das bereits die erste Möglichkeit für uns, mehr über ihn zu erfahren. Ein teures französisches Restaurant mit den entsprechenden kulinarischen Höhepunkten auf der Karte sollte Ihr Herz höherschlagen lassen – und die Hoffnung auf andere Höhepunkte wecken!

Falls er als Dessert noch Karten fürs Kino oder gar Theater besorgt hat, kann ich nur noch einen Rat geben: Immer dranbleiben, denn hier wird es bestimmt bald noch einige Zugaben geben!

Finden Sie sich allerdings mitsamt ihrem schwarzen Cocktailkleid in einer Stehpizzeria wieder, sind nicht nur *Sie* dort fehl am Platz, sondern auch der Knabe als Teil Ihres Leben.

Die Vorbedingungen, die Tor und Tür für ein prickelndes Date öffnen, wären also geschaffen; und schon kann es losgehen!

Was Männer an Frauen unwiderstehlich finden

Eigentlich geht es uns doch heutzutage gut, denn alles ist möglich: schlank wie Kate Moss oder barock wie einer dieser süßen Puttenengel, blond, rot oder schwarzhaarig, lange Beine oder Stupsnase. Es gibt kein Diktat des Geschmacks mehr, und ich habe auf den Laufstegen in Paris, Rom und New York sowie in den Hochglanzmagazinen die unterschiedlichsten Typen von Frauen gesehen. Gerade die Vielfalt an den verschiedenen Frauentypen macht das Leben in den Neunzigern für die Jungs so interessant. Ich finde, es sollte so sein, daß wir zu unserem Typ stehen und ihn ins beste Licht rücken. So wird unsere Ausstrahlung auch auf den Annoncen-Mann dieses Abends seine volle Wirkung entfalten.

Alles ist drin – die Möglichkeiten, die uns diese erfreuliche Zeiterscheinung bietet, sollten wir unbedingt für unsere Zwecke nutzen!

Falls Sie also nicht so aussehen wie Claudia Schiffer (und ob das nun überhaupt erstrebenswert ist, wollen wir mal dahingestellt sein lassen), machen Sie sich nichts draus. Viele Männer stehen überhaupt nicht auf die perfekten Modelschönheiten. Einige Jungs freuen sich wie die Schneekönige sogar über ein paar Gramm mehr auf den Hüften.

Also, wenn Sie mit einem Mann im Restaurant sitzen und das Essen bestellen, benehmen Sie sich um Gottes willen nicht so, als ob Sie auf Diät wären. Es könnte ihn sonst das ungute Gefühl beschleichen, daß er bei Ihnen kulinarisch zu kurz kommt – und auch auf anderen Gebieten. Viele Männer denken nach wie vor, daß eine Frau, die sich in puncto Essen zimperlich gibt, es auch im Bett ist. Tja, hört sich blöd an, aber genau das haben mir diverse Knaben immer wieder bestätigt.

Deshalb bestellen Sie, wonach es Sie gelüstet. Vorspeise? Klar, schließlich wünscht er sich auch woanders ein Vorspiel. Den Hauptgang sollten Sie genießen wie eine Spezialbehandlung Ihres Lieblingsmasseurs. Und was ist mit einem Dessert nach dem Hauptgang? Selbstverständlich, immer ran an Mousse au chocolat, Eissplittertorte und Tiramisu!

Geben wir uns also mit ruhigem Gewissen unseren kulinarischen Gelüsten hin. Eines mögen Männer nämlich überhaupt nicht: zikkige und affektierte Mädels. Sich zu verstellen ist also fatal. Auch die Tatsache, daß alle Männer mehr oder weniger schwer von Begriff sind, bewahrt uns nicht davor, daß dieser Schwindel früher oder später auffliegt. Wie das dann ausgeht, brauche ich Ihnen wohl nicht auszumalen.

Fazit: fühlen wir uns einfach wohl in unserer Haut, freuen wir uns, einen Abend voller neuer Eindrücke zu erleben. Verrückt nach uns wird der Kerl ohnehin sein. Kann es eine schönere Streicheleinheit für unsere Seele geben, meine Lieben?

Must-looks: worauf wir achten sollten

Oft genügen ein bis zwei Blicke, um zu wissen, woran wir bei einem Knaben sind. Sie sind alle leicht zu durchschauen. Da können sie noch so oft betonen, daß sie ein Pokerface haben. Lächerlich!

Zumeist sind es nur Kleinigkeiten, die uns das Innere der Jungs offenbaren.

Hier nun Elas Checkliste für die männlichen Must-looks:

Sind seine Fingernägel gepflegt?

Nägel mit »Trauerrand« (ja, selbst die gibt es heutzutage noch), die ganz dringend einer Maniküre bedürfen, sind ein untrügliches Zeichen für Schlampigkeit und lassen auf einen nachlässigen Charakter schließen – der auch uns über kurz oder lang vernachlässigen wird.

Hat er einen guten Haarschnitt?

Wenn der beste Friseur gerade gut genug für seine Locken ist, handelt es sich um einen Mann mit Geschmack. Eine Frau unseres Kalibers wird daher mit großer Wahrscheinlichkeit gut zu ihm passen.

Wie sitzt seine Kleidung?

Falls er an diesem Abend ein Hemd trägt, sollte Ihr Blick zu seinem Kragen wandern. Schmutzige oder gar abgenutzte Kragenecken sollten uns eine Warnung sein. Der Kerl ist nämlich entweder schmuddelig oder – was noch schlimmer ist – zu geizig, sich neue Klamotten zu kaufen.

Nicht zuviel von sich preisgeben

Ich bin sehr mitteilsam und erzähle gerne, was mich bewegt. Doch leider bin ich damit oft auf die Nase gefallen – gerade bei Männern!

Meist glauben die Jungs, wenn sie mich das erste mal erleben, eine kühle Blondine kennenzulernen. Wenn ich dann anfange zu erzählen, merken sie, daß ich ganz anders bin, und sie sind überrascht und verwirrt.

Wahrheitsliebe hin oder her: Beim ersten Treffen sollten wir nicht zuviel von uns verraten – vorläufig jedenfalls. Statt dessen stellen wir ihm jede Menge Fragen. Erstens erfahren wir auf diese Weise viel über ihn, zweitens merkt er, daß wir gute Zuhörerinnen sind und Interesse an ihm zeigen, und *last not least* wirken wir mit diesem Trick geheimnisvoll wie eine Sphinx.

Wetten, daß der Knabe bereits neugierig ist, uns näher kennenzulernen?

Worüber redet man mit ihm?

Alles ist möglich. Reden Sie über Gott und die Welt mit ihm! Nur so werden Sie herausfinden, ob Sie mit dem Knaben über alle Tabus sprechen können. Nur mit solch einem Mann kann man grenzenlos glücklich werden.

Um das herauszufinden, benutzen Sie im Verlauf des Abends einfach folgende Reizworte, um zu checken, wo dieser Mann einzuordnen ist:

Sein Lieblingsfilm

Rambo & Co.? Großer Gott, der wird das Rennen wohl kaum bei uns machen.

Filme wie »Während du schliefst« lassen auf einen sensiblen Charakter schließen, der uns auf Dauer mit Sicherheit besser bekommt.

Seine Familie

Die Umgebung, in der er großgeworden ist, sagt mehr über ihn aus als der teure Armani-Anzug oder seine attraktive Segelbräune, die so gut im Kontrast zu seinen hellblauen Augen steht.

Wie erzählt er über seine Eltern? Hat er Geschwister? Sind Familienfeiern ein Greuel für ihn?

Netter Nebeneffekt: Falls Sie von einem harmonischen Familienleben träumen, wissen Sie spätestens jetzt, woran Sie bei ihm sind.

Die Frau im Berufsleben:

Jetzt können wir wirklich gespannt sein. Sieht er uns in Gedanken schon als Idealbesetzung in dem Film »Gefangen in Heim und Küche«? Vergessen Sie ihn am besten noch am selben Abend. Dieser Mann ist absolut indiskutabel.

Freut er sich aber mit uns über unsere beruflichen oder anderen Erfolge, können wir uns glücklich schätzen.

Mit einem Mann, der neidisch auf unseren Erfolg ist, können wir nichts anfangen. Ein Partner hingegen, der uns in jeder Hinsicht unterstützt und dem daran gelegen ist, eine erfolgreiche Frau an seiner

Seite zu haben, zeigt Charakterstärke und Souveränität. Er ist somit wie für uns gemacht!

Nach diesem Vorgeplänkel gibt es selbstverständlich jede Menge anderer Reizthemen wie Verhütung, das erste sexuelle Erlebnis, Fremdgehen oder Bigamie. Welche Themen Sie sich für die vorgerückten Stunden des Abends vorbehalten möchten, überlasse ich Ihrem Geschmack – und dem uns Frauen ureigenen Sinn für den passenden Moment!

Unbedingt zugreifen!

Bei bestimmten Kriterien sollten Sie nicht lange zögern, sondern *sofort* zugreifen!

Hierzu zählen folgende Punkte:

Er kann kochen

Er wird unter Garantie auch auf anderen Gebieten ein Genießer sein und uns nicht nur mit diversen Fresserchen verwöhnen. Er weiß mit Sicherheit auch um die erotisierende und aphrodisische Wirkung gewisser Gewürzmischungen. Wie schön!

Er ist modisch auf dem laufenden

Wundervoll, endlich ein Mann, mit dem wir zusammen auf Shoppingtour gehen können. Außerdem wird er niemals die Augen verdrehen, wenn wir uns eines dieser atemberaubend schönen, aber leider auch teuren Designerkostüme kaufen. Im Gegenteil, er ist so gepolt, daß er uns eher eines schenken wird als zu meckern; damit wir ihm noch besser gefallen als ohnehin schon!

Er lacht gerne

Wenn er diese unwiderstehlichen Grübchen am Kinn hat, ist die Sache so gut wie geritzt, dann ist sein Lachen ein Teil von ihm. Eines steht fest: Männer, die uns zum Lachen bringen, sind der beste Jungbrunnen überhaupt!

Auch wenn es sich vielleicht pietätlos anhört, aber für uns ist diese Lösung die beste, glauben Sie mir. Ich habe einfach zu viele Unglückseligkeiten erlebt, die durch Mütter verursacht wurden, und welche Möglichkeiten habe ich in Gedanken nicht durchgespielt, um sie auf den Mond zu schießen oder aber mit »Never-come-back-Airlines« nach Australien zu schicken.

Wenn die Alarmglocken läuten

Wir liebreizenden Frauen haben ein untrügliches Gespür dafür, wenn irgend etwas faul ist. Meine Alarmglocken läuten ziemlich schnell. Das ist zwar nicht angenehm, hat mich aber in den letzten Jahren davor bewahrt, daß mir irgendein Kerlchen ein X für ein U vormachte.

Gerade am ersten Abend, den wir mit ihm verbringen, sollten wir genau zuhören, was er von sich gibt, um für das Schlimmste gerüstet zu sein.

- Erzählt er ein bißchen zuviel von seiner Arbeit, ist Vorsicht geboten. Er ist mit Sicherheit einer von der Sorte, die jede Menge Überstunden machen, erst mitten in der Nacht nach Hause kommen und dann womöglich denken, daß wir glücklich seien, nur weil er viel Geld verdient.
- Spricht er während des ersten Dates bereits von Ihrer nächsten gemeinsamen Begegnung, ist das ein untrügliches Zeichen dafür, daß der Knabe von uns hin und weg ist. Aber damit war ja eigentlich zu rechnen. Es könnte aber auch darauf hinweisen, daß er auf dem besten Wege ist, uns zu vereinnahmen. Achtung, meine Lieben, ein Mann der unsere Zeit einteilen möchte, ist gefährlich und auf Dauer einfach nur abzuhaken!
- Ganz übel wird es, wenn er dauernd von seiner Verflossenen erzählt. Ich erinnere mich noch wie heute an den Abend mit Guido. Er erzählte die ganze Zeit von seiner Ramona, der Frau, die auf jedem Gebiet die absolute Krönung für ihn war. Ich zog es jedenfalls nach einer Stunde mit Ramona vor, den Abend mit meinem kurz-

fristigen Verschwinden durch den Hinterausgang des Restaurants zu beenden. Wir sollten an diesem Abend die Hauptperson für ihn sein. Denkt der Knabe an andere Grazien, sollten wir ihm schlicht und ergreifend vorschlagen, zu ihnen zurückzukehren, und uns dann einen gemütlichen Abend vor unserem Fernseher machen. Wohlgemerkt, alleine (oder mit einer netten Packung Leonidas-Pralinées).

Was ist, wenn er sich anschließend nicht mehr meldet?

Oh, oh, hier ist etwas schiefgegangen, und zwar recht gründlich, meine Lieben!

Was ist passiert? Sie haben doch nicht etwa den Klang von Hochzeitsglocken an seine süßen Öhrchen dringen lassen?

Aber Scherz beiseite, wahrscheinlich sind wir bei diesem Date mal wieder an ein typisches Exemplar der Gattung Mann geraten: nicht bindungsfähig, unseren Reizen gegenüber immun (haben Sie die Einstiche gesehen, wo er sich kurz zuvor noch die triebdämpfenden Mittel gespritzt hat?) und völlig verstrahlt.

Jetzt bleibt nur noch die Frage, ob wir unseren Stolz überwinden, ihn anrufen oder den Kerl einfach abhaken und uns dem nächsten zuwenden sollten.

Eine Entscheidung zu treffen ist schwer. Auf jeden Fall müssen wir uns folgende Fragen stellen:

- Fand ich ihn wirklich so toll, daß ich ihn wiedersehen möchte?
- Herrschte hinter seiner knackigen Fassade mehr als nur geistige Windstille?
- Ist er so interessant, daß er mein Leben bereichern könnte?
- Ist er *der* Mann, der mir den Alltag versüßt und mich so nimmt, wie ich bin?
- Könnte er mich auf Dauer glücklich machen?

Wenn Sie die Fragen mit ja beantworten: Nichts wie ran ans Telefon, seine Nummer gewählt und Attacke! Vielleicht war er ja krank oder auf einer Geschäftsreise, so daß er Sie nicht anrufen konnte.

Wenn Sie zweimal oder häufiger mit nein antworten mußten: Sparen Sie sich die Telefonkosten, streichen den Knaben aus Ihren Träumen, und wenden Sie sich wichtigeren Dingen zu. Es werden Ihnen bestimmt einige einfallen!

5. Kapitel
Der große Check-up

»Die Vernunft ist die
Gewißheit des Bewußtseins,
alle Realität zu sein.«
Georg W. F. Hegel (1770–1831)

Wir kennen den Mann unseres Herzens jetzt schon eine Weile und wissen, daß er ein netter Kerl ist. Unsere Zeit verbringen wir gern mit ihm, haben aber mittlerweile gemerkt, daß auch er seine Makken hat. Schließlich haben wir es ja mit einem Mann zu tun und konnten nicht erwarten, daß es Mister Perfect außerhalb unserer Träume wirklich gibt.

Als Frauen wollen wir natürlich wissen, woran wir bei ihm sind, und beobachten ihn deshalb die ersten Wochen sehr genau. Wir haben schon zu viele schlechte Erfahrungen gemacht, um blind ins Unglück zu laufen. Behalten wir den Knaben also im Auge und machen einen großen Check-up, um zu wissen, wie es weitergehen soll.

Seine Hobbys

Die Jungs definieren sich über ihre Hobbys, eine Tatsache, die wir immer im Hinterkopf behalten sollten.

Seine Freitzeitbeschäftigung läßt wundervolle Rückschlüsse auf seinen Charakter zu. Eine leichtere Methode der Männererkundung gibt es nicht, meine Lieben. Also los:

Angeln

Sehr schön, dieser Mann ist zumindest kein Hektiker und kann auch Ruhe und Alleinsein genießen. Wenn er vom Angeln wieder nach Hause kommt, ist er nicht nur ausgeglichen und gut gelaunt, sondern bringt uns auch noch bestes Kochmaterial mit: frischen Fisch.

Dabei fällt mir gerade das Rezept meine Großtante Hortense für »Forelle in Zitronenbutter« ein, das ich schon seit langem ausprobieren wollte. Vielleicht sollte ich meinen nächsten Spaziergang doch einmal in der Nähe des Anglerteiches machen.

Fußballspielen

Na ja, umwerfend ist das wirklich nicht. Aber Sie haben wenigstens die Gewißheit, daß er am Samstagnachmittag im Stadion und nicht bei der rothaarigen Bäckereiverkäuferin mit den großen Torten ist. Ein kleiner Trost, wenn auch ein schlechter! Sorgen Sie bloß frühzeitig dafür, daß er sein Hobby nicht aufs Fernsehen ausweitet. Es gibt mittlerweile zu viele Fußballsendungen im TV.

Motorradfahren

Um Gottes willen, alles, bloß das nicht! Besonders wenn er uns auf seine Bikertouren nicht mitnehmen möchte, ist Vorsicht geboten.

Außerdem träumen diese Jungs nicht von uns Traumfrauen, sondern von ganz anderen Dingen: der Route 66, einer frischen Brise um die Nase und der großen Freiheit Nummer sieben. Hören Sie mir bloß damit auf!

Briefmarken sammeln

Leider ist dieses Hobby ein wenig aus der Mode gekommen, schade eigentlich. Diese Knaben genießen meine besondere Sympathie. Sie haben Spaß an bunten Bildern, ohne sich den »Playboy« kaufen zu müssen, zeigen einen gewissen Ordnungssinn, ohne akribisch zu sein, und träumen davon, durch ein zufällig gefundenes Exemplar der blauen Mauritius reich zu werden. Eine ideale Kombination!

Mit uns auf Shoppingtour gehen

Herzlichen Glückwunsch zu diesem Mann! Aber zugegeben, so ein Exemplar suche ich seit Jahrzehnten vergebens. Ob es ihn überhaupt gibt? Träumen wir weiter!

Schauen Sie sich seine Schuhe an!

Meine gute alte Freundin Bette Middler hat einmal gesagt: »Gebt einem Mädchen die richtigen Schuhe, und sie erobert die ganze Welt!«

Klaro Bette, genauso ist das bei uns Frauen der Jahrtausendwende. Was die Jungs alles erobern und wie sie das anstellen, wollen wir mal dahingestellt sein lassen.

Das Thema »Männer und ihre Schuhe« ist ein Kapitel für sich, denn daran können wir wackeren Mädels wunderbar ablesen, in welche Rolle unser Knabe der Stunde gerne schlüpfen möchte. Zwar sind auch Anzüge, Jeans, Sweatshirts oder Lederjacken gute Hinweise, aber besonders Schuhe bieten eine subtile und verläßliche Analysemethode, die wir uns nicht entgehen lassen sollten.

Turnschuhe

Hierbei müssen wir unterscheiden. Sind es eher Segelschuhe? Herzlichen Glückwunsch, nichts wie ran an diesen Knaben. Er ist bestimmt einer von der Sorte »nicht zu verachten« und sollte ein Stück Lebensweg in diesen Schuhen mit uns gehen.

Wenn er aber die Turnschuhe, die eigentlich auf einen Sportplatz gehören, in der Stadt trägt, haken Sie ihn ab!

Sandalen

Everything but that! Sind die Sandalen auch noch braun und mit blauen Socken kombiniert: nichts wie weg! Dieser Mann ist wirklich das letzte, was wir uns wünschen.

Mokassins

Vielleicht noch ohne Strümpfe getragen? Kinder, haltet mich fest, dabei werde ich immer schwach! Unbedingt zugreifen, dieser Typ ist locker und eine Wohltat für Teint, Wohlbefinden und Hormonhaushalt.

Schnürschuhe

Sind sie wunderbar poliert und glänzen wie verrückt? Vorsicht, dieser Mann ist aller Wahrscheinlichkeit nach ein Macho oder Gigolo. Gerade bei südländischen Männern trifft man diese Spezies häufig an. Seine Schuhe sind ihm wichtiger als wir.

Eine andere Möglichkeit, aber noch schlimmer als die erste Variante: Er ist ein neurotischer Putzteufel und ein Ordnungsfanatiker. Suchen Sie das Weite!

Handelt es sich um ausgetretene Schnürschuhe, die völlig out und seit Monaten ungeputzt sind: Dieser Mann ist nachlässig und wird uns über kurz oder lang wahrscheinlich ebenso so schlecht wie seine Schuhe behandeln. Besser nicht!

Markenschuhe

Wenn Namen wie Todds, Clarks oder Bally an seinen Füßen prangen, ist das ein gutes Zeichen. Dieser Mann ist immer *up to date*. Das Leben an seiner Seite könnte sich vielversprechend gestalten. Unbedingt ausprobieren!

Apartment, Loft oder Maisonettewohnung?

Hat man erst einmal die Wohnung eines Mannes betreten, ist man einen großen Schritt weitergekommen. Erstens betrachten die Jungs ihre Behausung immer noch als ihre Burg und zeigen uns dadurch ihr Interesse an uns.

Zweitens aber – und das ist noch viel toller – können wir in seiner Wohnung wunderbar auf Entdeckungsreise gehen. Die Einrichtung, die Ordnung und einige andere Dinge setzen uns schnell über den Bewohner dieses Etablissements ins rechte Bild.

Begleiten Sie mich einfach in einige sturmfreie Junggesellenbuden. Lassen wir unsere Blicke schweifen und betrachten alles sowohl mit dem Blick eines Innenarchitekten als auch mit dem erfahrenen Blick eines Psychologen.

Jochen hatte wahrlich eine tolle Wohnung. Bei meinem ersten Besuch verschlug es mir die Sprache. Eine lichtdurchflutete Atelierwohnung lag vor mir, ausgestattet mit allen Schikanen, die man sich vorstellen kann. Alle Böden waren mit phantastischem Buchenholzparkett ausgelegt, und die Couchgarnitur in lila harmonierte phantastisch mit den pastellgelben Wänden.

Eine riesige Badewanne lud zum Tummeln ein; ein betörender Duft lag in der Luft.

Die Blumenvasen waren gefüllt mit meinen Lieblingsblumen: weißen Lilien. Ich war mir gar nicht bewußt, daß ich ihm das verraten hatte.

Diesen Mann hätte ich mitsamt seiner Wohnung wahrlich gerne an Land gezogen. Leider war meine Freundin Amanda bereits an beidem interessiert. So habe ich mich – ganz Dame – vornehm zurückgehalten.

Anders verhielt es sich bei Dieter. Seine Wohnung verdiente diesen Namen nicht. Was mich dort erwartete, war ein Knüller, wenn auch im negativen Sinn.

Zwar bin ich ein Fan von einem gewissen schwedischen Billig-Möbelhaus, aber was Dieter in seinen vier Wänden zusammengetragen hatte, sah eher nach Sperrmüllsammlung aus. Man muß seine Wohnung nicht unbedingt mit Designermöbeln füllen, aber sauber sollte sie schon sein.

Das war hier weiß Gott nicht der Fall. Da ich an diesem Tag ein hellblaues Givenchy-Kostüm trug, verzichtete ich darauf, auf einer der schmuddeligen Sitzgelegenheiten Platz zu nehmen.

Im weiteren Verlauf des Abends habe ich dann auch darauf verzichtet, nähere Bekanntschaft mit dem Besitzer dieser Absteige zu machen, und mich in meine eigenen vier Wände zurückgezogen. Zwar hatte auch ich damals nur eine kleine Dachgeschoßwohnung, aber dort konnte man sich wenigstens überall hinsetzen, ohne anschließend alle Klamotten in die Reinigung bringen zu müssen.

Der Gipfel des schlechten Geschmacks jedoch war die Wohnung von Heinz. Er hatte nämlich die Möbel seiner vor kurzem verstorbenen Mutter in einem chaotischen Sammelsurium vereint. Als Fan von spartanisch und eher kühl eingerichteten Wohnungen wurde mir in der antiquierten Puppenstube bereits nach einer halben Stunde klar, daß dieser Mann nicht auf meiner Wellenlänge lag. Auch auf anderen Gebieten kamen wir nicht zueinander. Wir treffen uns allerdings ab und zu noch bei meiner Freundin Angela, die hin und weg von Heinz mitsamt seiner Wohnung war. Geschmäcker sind halt verschieden.

Ein wichtiger Ort in der Wohnung eines Mannes ist seine Küche. Verrät sie doch viel über seine kulinarischen und sonstigen Präferenzen.

Verfügt er nur über eine Kochnische, haben wir nicht viel zu erwarten, weder von dem Mann, der dort herumwerkelt, noch von dieser Küche! Womöglich erwartet er auch von uns, dort ein Siebengängemenü zu zaubern. Das fehlte uns gerade noch!

Eine große Küche, die mit allen Gerätschaften für die kompliziertesten Rezepte ausgestattet ist, sollte unser Herz höher schlagen lassen. Männer, die gerne kochen (und natürlich auch essen), sind auch auf anderen Gebieten Genießer und Feinschmecker. An diesen Männern sollten Sie dranbleiben; Sie werden nicht nur Kochrezepte mit Ihnen austauschen wollen.

Zum Schluß muß ich noch ein Wort über »Männer und ihre Ordnung« verlieren. Ich achte ansonsten nicht so sehr darauf, aber bei unserem ersten Wohnungsbesuch bei ihm sollten wir es auf jeden Fall tun.

Erscheint seine Wohnung superordentlich,vielleicht sogar steril, fragen Sie ihn unbedingt, ob er eine Putzfrau hat. Wenn ja, lassen Sie sich deren Adresse geben und empfehlen Sie sie weiter.

Läßt er aber selbst seinen Putzteufelanfällen ungeniert freien Lauf, sollten Sie ihn schnellstens abhaken. Männer dieses Schlages sind schlicht und ergreifend so unbequem, ungemütlich und kalt wie ihre Wohnung. Außerdem erwarten sie eher früher als später von uns, daß auch wir uns mit diversen Putzmitteln bewaffnen und dem Schmutz zu Leibe rücken.

Alles, bloß das nicht, meine Lieben. Ich für meinen Teil rücke lieber den Jungs selbst zu Leibe. Das ist irgendwie befriedigender – und riecht nicht nach Domestos!

Können Sie ihn wirklich riechen?

Unsere Riechzellen sprechen auf chemische Reizung an, besonders auf die Elemente Sauerstoff, Schwefel, Fluor, Chlor, Brom und Jod. Von Bedeutung ist die jeweilige Konzentration. Schwefelwasserstoff riecht zum Beispiel bei starker Konzentration nach Orange, bei schwacher hingegen nach Schweinebraten.

»Liebe geht durch die Nase.« Als ich diesen Satz meiner Freundin Christa zum ersten Mal hörte, mußte ich schmunzeln. Heute weiß ich sehr wohl, wie weise er ist.

Vor einigen Jahren habe ich es am eigenen Leib erfahren (im wahrsten Sinne des Wortes).

Udo und ich waren uns an einem verregneten Sonntagnachmittag in einem Café begegnet. Da wir uns beide gerade in einer Frustphase befanden, taten wir das, worüber mir meine Mutter stets verboten hat in der Öffentlichkeit zu sprechen. Es war sehr schön, aber trotzdem fühlte ich mich unwohl. Noch Stunden nachdem er gegangen war, haftete sein Körpergeruch im Bettbezug – und an mir! Es blieb also keine andere Wahl, als die Bettwäsche in die Waschmaschine und mich unter die Dusche zu befördern, um sowohl den Geruch als auch die Erinnerung an diesen Mann wegzuwaschen. Beides ist mir zum Glück gelungen.

Später stellte sich dann heraus, daß er ein übler Bursche war. Meine Nase hatte mich nicht getäuscht!

Meiner Freundin Ilona erging es ähnlich. »Den Kerl kann ich einfach nicht riechen«, fauchte sie. Schon der pure Gedanke an Markus löste einen Brechreiz bei ihr aus. Bereits nach zwei Wochen trennte sie sich von ihm, weil sie ihn nicht mehr riechen – sprich ertragen – konnte.

Ilonas Nase hatte als ein guter Warnmelder funktioniert, denn was wir im nachhinein über Markus erfuhren, war alles andere als erfeulich – aber das ist wieder eine andere Geschichte.

Was einige vielleicht für Spinnerei halten, ist mittlerweile in mehreren Versuchen bewiesen worden: Unser Geruchssinn beeinflußt unsere Partnerwahl.

In einem Experiment mußten Bundeswehrsoldaten ihr T-Shirt

zwei Tage lang tragen. Sie durften nicht duschen, keine Drogen nehmen und keinen Sex haben. Anschließend kam das Wäschestück in ein kleines Kästchen mit einem Loch. Weibliche Testpersonen mußten beurteilen, wie angenehm sie den jeweiligen Geruch empfanden. Als sich beide Gruppen persönlich kennenlernten, stellte sich heraus, daß den Frauen die Männer besonders sympathisch waren, deren Körpergeruch sie auch als angenehm empfunden hatten. Somit vermittelte die Nase also ein zuverlässiges Urteil.

Vor einiger Zeit haben Wissenschaftler entdeckt, daß es in der Nase ein kleines Organ gibt, das sehr empfindlich auf Gerüche reagiert, besonders auf Lockstoffe im männlichen Schweiß. Es zeigt sich, daß Liebe tatsächlich durch die Nase geht!

Interessant ist auch, daß die Pille den Geruchssinn beeinträchtigt. Sollten Sie eines Tages einmal auf die Pille verzichten, kann es sein, daß Sie auch auf Ihren Partner verzichten möchten.

Sein Badezimmerinventar

Klaro, der Mann unserer Wahl ist gepflegt, ansonsten hätten wir ihn ja schon längst in die Wüste geschickt. Ein Blick in sein Badezimmerschränkchen ist hochinteressant. Das darin enthaltene Inventar gibt Auskunft, die Gold wert ist.

Wenn Sie das nächste Mal sein Badezimmer benutzen, machen Sie eine Inspektion und achten Sie dabei auf folgende Dinge:

Wie sind seine Kosmetikartikel angeordnet: ordentlich in Reih und Glied? Wundervoll, dieser Mann nimmt seine Körperpflege ernst und wird es zu schätzen wissen, daß auch wir uns für ihn pflegen.

Herrscht das totale Chaos in seinen Utensilien?Hier ist Vorsicht geboten! Schon oft habe ich festgestellt, daß Männer, die hier schlampig sind, es zumeist auch auf anderen Gebieten sind.

Dann ist es auch interessant, mit welchen Kosmetikartikeln er seinen Astralleib pflegt. Shampoo, Duschgel und Co. für zwei Mark fünfzig aus dem Sonderangebot? Na, wenn der Knabe nicht geizig ist und dumm aus der Wäsche schaut, wenn er bei uns dann eine

Creme sieht, die ein paar Mark mehr kostet als seine Billigmarke, weiß ich es auch nicht!

Erblicken Sie hingegen Namen wie Davidoff, Lagerfeld und Hugo Boss in seinem Schränkchen, freuen Sie sich. Dieser Mann hat Stil und wird Frauen, wie wir es sind, zu schätzen wissen. Den sollten wir uns auf jeden Fall warm halten!

Das Musikgenie

Es ist schon lange her: Ich fuhr mit Rolf im offenen Cabrio die Elbchaussee in Hamburg entlang. Aus seinem Autoradio drangen die schlimmsten Schlager an mein Ohr, die noch nicht einmal das Herz meiner lieben Mutter hätten höher schlagen lassen.

Ich war völlig enttäuscht, hatte ich Rolf bis dato doch für einen tollen Mann gehalten. Aber sein Musikgeschmack war derart spießig, daß er von einer Sekunde zur anderen seine Faszination für mich verlor.

Kurze Zeit später sprach ich mit meiner Freundin Yasmeen über dieses Thema. Sie lächelte wissend und hatte auch einige Dinge zu berichten. Offensichtlich beurteilen wir die Jungs auch stark nach ihrem Musikgeschmack.

Hier nun die verschiedenen Musikrichtungen und was Sie von deren Fans zu halten haben:

Deutsche Schlager

Im Prinzip sind es nette Kerle, die auf diese Musik stehen, wenn sie nur nicht so schrecklich spießig wären. Sollten Sie auf der Suche nach einem Vater für Ihre Kinder sein, werden Sie bei und mit ihm glücklich werden.

Sollten aber Wörter wie »Reihenhaus«, »Tupperparties« und »Familienfeiern« auch nur ansatzweise einen Brechreiz bei Ihnen auslösen, lassen Sie lieber die Finger von diesen Jungs und stellen Sie sich einen anderen Radiosender ein!

Heavy Metal

Fürs Trommelfell nicht unbedingt zu empfehlen, fürs Herz schon. Die Jungs, die für Heavy Metal schwärmen, sind meist von ehrlicher Natur, und man weiß, woran man bei ihnen ist. Selbst wenn Sie auf diese Musik nicht stehen: schenken Sie ihm einen Kopfhörer und lassen ihn seine Gehörgänge ordentlich durchpusten. Solange er davon nicht schwerhörig wird und anfängt, unsere Wünsche zu überhören, ist doch alles in Ordnung, nicht wahr?

Dancefloor

Meine Lieblingsmusik, daher werde ich mich hüten, etwas Negatives über deren Fans zu äußern. Aber Scherz beiseite: Der Dancefloor-Mann ist in den meisten Fällen ein pflegeleichtes Exemplar, der seine überschüssigen Aggressionen bereits in der Zappelbude abgebaut hat, wenn er sich mit uns trifft. Wie schön für uns!

Jazz

Dieser Fan hat althergebrachte Moralvorstellungen, und den Satz »Früher war alles besser« können wir drei- bis siebzehnmal pro Tag von ihm hören. Jazzfestivals lassen sein Herz höherschlagen. Leider trifft man dort überwiegend Leute der älteren Jahrgänge. Zugegeben, zuverlässig ist er ja – aber bedauerlicherweise auch staublangweilig!

Funk

Hier geht die Post ab. Erst kürzlich war ich mit meiner Bonner Freundin Steffi mal wieder in einer verräucherten Funkbude und habe mich prächtig amüsiert. Wie die Knaben zur Funkmusik die Hüften (und bei unserem Anblick die Augen) verdreht haben, war schon prachtvoll anzusehen. Für ein Leben ohne Langeweile kommen diese Knaben wie gerufen. Ob sie allerdings auf Dauer treu sind, darf bezweifelt werden.

Disco

Lang, lang ist's her: Boney M., Amanda Lear und Konsorten brachten die Discowelle zum Überschwappen. Ein paar Veteranen aus dieser Ära sind tatsächlich noch übriggeblieben, was aber gar nicht schlecht ist. Ab und an zu »YMCA« von den Village People zu tanzen ist abwechslungsreicher als dieses ewige Gedonnere der Technomusik. Meistens sind die Jungs, die auf Disco stehen, freundlich und witzig. Warum also nicht mal so einen?

Soul

Wow, da werde ich schwach. Sowohl bei der Musik als auch bei deren Fans. Diese Jungs haben die nötige Portion *sadness* im Blut, ohne zur Melancholie zu neigen. Auf Dauer sind sie zwar nicht immer einfach zu nehmen, aber immerhin ein netter Freizeitvertreib.

Der Spieleabend

Sind wir uns nun immer noch nicht sicher, woran wir bei ihm sind, dann hilft nur eines: ein Spieleabend. Nirgendwo sonst erhalten wir so aufschlußreiche Informationen über den Knaben wie hier. Jetzt zeigt er sein wahres Gesicht.

Ein besonders geeignetes Spiel ist »Tabu«. Ein Begriff, der auf einem Kärtchen steht, muß beschrieben werden. Unter dem zu beschreibenden Begriff findet man vier Wörter, die nicht verwendet werden dürfen.

Die Mitspieler sind in zwei Gruppen aufgeteilt. Derjenige, der ein Kärtchen zieht, muß den Begriff seiner eigenen Gruppe innerhalb einer vorgegebenen Zeit erklären. Ein anderer aus der gegnerischen Gruppe kontrolliert, daß keines der vier Tabuwörter benutzt wird. Je besser er erklärt, desto mehr Begriffe errät seine Gruppe.

Oh, oh, meine Lieben, was sich bei diesem Spiel an charakterlichen Abgründen auftut, ist unglaublich. Es ist daher wunderbar geeignet, den Mann unseres Herzens kennenzulernen.

Der Schreihals

Er wird bei der kleinsten Gelegenheit laut: »Warum ratet ihr denn nicht endlich, was ich meine?« schreit er herum, »so schwer kann das doch wohl nicht sein.«

O je, dieser Typ ist anstrengend und cholerisch dazu. Vorsicht ist angebracht, meine Lieben!

Der Hektische

Es kann ihm nicht schnell genug gehen. Ein Blick auf die Stoppuhr läßt seinen Blutdruck rasen. Das läßt uns bereits ahnen, wie gemütlich ein Stadtbummel mit ihm sein wird: »Los, komm weiter, die Klamotten sind ohnehin zu teuer!«

Ob solch ein Mann uns auf Dauer glücklich machen kann?

Der Alleswisser

Sein Blick auf den zu erklärenden Begriff verrät bereits: »Ich habe Abitur und bin unheimlich schlau.« Wenn ein Begriff nicht erraten wird, schüttelt er sein weises Haupt und murmelt vor sich hin: »Alles nur Kretins!«

Wenn er selbst in der nächsten Raterunde nicht so fix ist, sind natürlich die Begriffe schuld, die ausgerechnet in diesem Durchgang besonders schwierig waren. Natürlich!

Der Verunsicherte

Er wird schnell rot, und manchmal fehlen ihm die Worte, so daß er das Kärtchen weglegt und sagt: »Nächster Begriff, bitte.«

Diese Jungs sind süß und dabei so meilenweit vom Machotum entfernt, daß man sie einfach lieben muß!

Der Konfuse

Er rutscht auf seinem Stuhl hin und her und weiß vor lauter Nervosität überhaupt nicht, wo er anfangen soll. Mit Sicherheit ist er auch ein chaotischer Autofahrer. Lassen Sie sich also nach diesem Spieleabend nicht von ihm mitnehmen, sondern fahren Sie mit dem nächsten Bus nach Hause. Vielleicht können Sie mit dem Busfahrer ja noch viel bessere Spiele veranstalten!

Ein weiteres geeignetes Spiel ist »Therapie«. Allerdings sollen schon mehrere Beziehungen an diesem Spiel zerbrochen sein. Also besser nicht!

Der erste Streit

Ich hasse nichts so sehr wie Streit. Irgendwann kracht es aber nun mal, und dann heißt es Augen und Ohren auf!

Vorsicht ist geboten, wenn es direkt am Anfang einer Beziehung passiert.

Ich habe so etwas vor Jahren erlebt. Wolf war schwierig, launisch und sofort auf der Palme, wenn irgend etwas nicht nach seiner Nase ging. Wir hatten in jeder Beziehung einen anderen Geschmack: Musik, Mode, die Wahl unserer Freunde. Kurzum, wir paßten überhaupt nicht zusammen. Der Höhepunkt war dann eine Reise nach Paris, wo nicht mehr viel fehlte, und ich hätte ihn am liebsten vom Eiffelturm gestürzt. Wir standen auf dem Place de la Concorde und schrien uns an, was das Zeug hielt. Nach zwei Tagen bin ich dann alleine nach Avignon gereist und habe mich dort bei meiner alten Feundin Amanda ausgeheult.

Ich habe Wolf nie wiedergesehen, was wohl besser war!

Daher der gute Rat: Gibt es bereits in den ersten vier Wochen einer Beziehung ernstliche Meinungsverschiedenheiten, sollten Sie sich überlegen, den Knaben besser jetzt als später zu vergessen. Es tut im ersten Moment sehr weh, wenn man sich eingestehen muß, daß man nicht zueinander paßt. Aber glauben Sie mir, dieser Zustand wird sich nicht ändern. Ein Ende mit Schrecken ist bekanntlich besser als Schrecken ohne Ende.

Auch wenn man jemanden gefunden hat, mit dem man sich blendend versteht, kann es doch einmal zum Streit kommen. Die Art und Weise, *wie* man sich streitet, gibt uns darüber Auskunft, wie das weitere Leben an der Seite dieses Mannes verlaufen wird.

Meinungsverschiedenheiten gibt es in jeder Beziehung. Mein alter Freund Walter, ein Psychotherapeut, behauptet: »Wer sich nie gestritten hat, hat sich auch nie wirklich geliebt.« Dieser Gedanke ist nicht von der Hand zu weisen, aber eine Beziehung, in der es mehr Streit als Harmonie gibt, wird auf Dauer unerträglich. So etwas schlägt sich in Form von Falten in unserem lieblichen Antlitz nieder, die wir besser vermeiden sollten, ehe selbst der beste Schönheitschirurg sie nur noch mit Hilfe eines Big-Lifts aus der Welt schaffen kann.

Besonders wenn er beim Streiten verbal unter die Gürtellinie zielt und unsere Persönlichkeit in Frage stellt, wird es kritisch.

Aufhorchen lassen sollten uns Bemerkungen, die Vergleiche oder einen Superlativ beinhalten: »Du bist wirklich das Dümmste, was mir je begegnet ist«, »Eine schlechtere Köchin als dich habe ich noch nie gesehen« oder »Warum bist du nicht so wie meine Mutter?« Hierzu brauche ich keinen Kommentar mehr abzugeben. Soll er doch zusehen, wie er alleine fertig wird!

Ziehen wir schnellstens die Konsequenzen und packen mal wieder den großen Koffer. Wir hatten dieses Thema ja schon einmal . . .

6. Kapitel
Die Sache mit dem Traumprinzensyndrom

»Als ob du nicht selbst lieber Tyrann wärest!«
Platon (427–347 v. Chr.)

Glauben Sie etwa noch an Märchen?

Leider muß ich es zugeben: Ich habe über dreißig Jahre meines Lebens gebraucht, um festzustellen, daß es keine Traumprinzen gibt.

Zuvor dachte ich bei jedem Mann, den ich nett fand: »Der ist es, *der* Mann fürs Leben.« Wenn die Sache dann schiefging, lag ich völlig zerstört am Boden und dachte, die Welt müsse untergehen.

Eines Tages war ich es leid, bei jedem Kerl zu leiden. Ich beschloß, die Sache mit den Männern zukünftig cooler und distanzierter anzugehen.

Diese Erkenntnis hat, wie gesagt, lange auf sich warten lassen, aber ein Blick auf meinen auch nach Jahrzehnten noch taufrischen Teint bestätigt diese Therapieform.

Männer und Frauen sind grundverschieden, das ist mittlerweile sogar wissenschaftlich belegt. Männliche Gehirne arbeiten anders als unsere. (Als ob wir es nicht immer schon geahnt hätten!) Das berühmte Gefühl »aus dem Bauch heraus«, das bei uns Süßen Alarm schlägt, wenn etwas faul ist, verkümmerte bei den Knaben vor langer Zeit zu einem leisen Grummeln in der Magengrube. Mit diesen Erkenntnissen lebt man besser.

Sollte sich wider Erwarten doch noch ein Traumprinz finden, so ist die Überraschung – mitsamt der darauf folgenden Freude – um so größer! Gewisse Illusionen sollten wir uns stets erhalten, denn man muß den Blick auf die männlichen Realitäten ja vielleicht nicht ganz so rigoros betreiben wie meine liebe Freundin Tina, von der ich

Ihnen ja bereits so einiges erzählt habe. Aber ein gewisses Maß an Vorsicht tut uns sicherlich ganz gut und verhindert das Schlimmste in puncto Enttäuschungen.

Die alte Pfadfinderweisheit »Be always prepared – allzeit bereit!« ist hier wohl der beste Wahlspruch, den wir uns auf die Fahne schreiben können.

Böse Mädchen haben's leichter

Ist Ihnen auch schon einmal aufgefallen, daß die zickigsten Frauen die liebsten Männer an ihrer Seite haben?

»Rührt das daher, daß die netten Jungs auf Zicken stehen, oder werden sie erst dadurch nett, weil sie schlecht behandelt werden?« fragte mich meine Freundin Simone vor einiger Zeit. Wahrscheinlich ist es eine Kombination aus beidem.

Meine Erfahrungen der letzten Jahre haben gezeigt, daß es wirklich so ist: Behandle die Jungs schlecht, und sie sind nett zu dir!

Lohnt es sich, ein böses Mädchen zu werden?

Ja, meine Lieben! Nur so werden die Kerle vor uns knien und die heißesten Liebesschwüre stammeln. Von all den entzückenden Geschenken ganz zu schweigen!

Von meiner Aktion mit den beiden Annoncen habe ich Ihnen bereits erzählt.

Da es sich um einen Feldversuch handelte, teilte ich die Jungs, die in die Endausscheidung kamen, in zwei Gruppen ein. Zur ersten Gruppe war ich nett, zur zweiten alles andere als das. Man möge mir diese Gemeinheit bitte verzeihen, aber haben die Jungs nicht auch jahrelang versucht, uns zu manipulieren? Na also! Außerdem entschädigt das Ergebnis dieses Versuchs mit Sicherheit. Denn, was soll ich Ihnen sagen, die Rechnung ging wunderbar auf!

Die erste Gruppe (die nett behandelten) war sich ihrer Sache allzu sicher. Die Jungs strengten sich kein bißchen an, meine Sympathie zu gewinnen. Alles lief auf ein vorprogrammiertes Fiasko hinaus.

Die Krone setzte ich dem Ganzen auf, als ich einen der Kandidaten (seinen Namen wollen wir hier besser verschweigen) mehrmals morgens im Büro anrief, um ihm zu sagen, wie sehr ich ihn vermisse. Na, der hat vielleicht schnell das Weite gesucht!

»Männer sind und denken einfach verquer!« resümierte meine Freundin Amanda das Ergebnis dieses Tests. Herzlichen Glückwunsch, meine Liebe, du hast es genau auf den Punkt gebracht!

Wie gut benahmen sich dagegen die Jungs aus der zweiten Gruppe!

Auch wenn es mir schwerfiel, ich behandelte die Kerlchen so richtig mies. Spröde, unterkühlt und abweisend wäre noch untertrieben.

Die Männer hingegen legten sich auf einmal ins Zeug, um mich von ihren Qualitäten zu überzeugen und meine Laune aufzuhellen.

Nach Jahren des Nettseins lernte ich, nicht mehr so umgänglich und nett zur Männerwelt zu sein. Anfangs fiel mir das wahnsinnig schwer und kostete mich einige Tränen. So traurig es auch ist: Je schlechter man die Jungs behandelt, desto netter sind sie. Sie fressen einem regelrecht aus der Hand und machen Männchen!

Sind sich die Kerle ihrer Sache erst einmal sicher, fangen sie an, mit ihren Liebesbekundungen zu geizen, und lassen überhaupt auf der ganzen Linie nach.

Warum die Kerle in ihrem tiefsten Inneren danach lechzen, schlecht behandelt zu werden, wird sowohl mir als auch Ihnen ein ewiges Rätsel bleiben. Denken wir nicht weiter darüber nach!

Meine Freundin Tina Frank verleiht einmal im Jahr den Tina-Frank-Orden. Ihn erhalten diejenigen von uns tapferen Mädels, die sich um emotionale Distanz zur Männerwelt verdient gemacht haben. Es handelt sich zwar um eine symbolische Auszeichnung, trotzdem ist der Orden formschön und paßt zu jedem Designerkostüm. Er kann zu allen Gelegenheiten getragen werden – und bei jedem Sieg über die Jungs glänzt er wie verrückt.

Jedesmal, wenn ich einen neuen Mann kennenlerne (und das passiert oft), der es nicht geschafft hat, mich emotional zu binden, poliere ich in Gedanken meinen Orden und gehe frühzeitig zu Bett, um am nächsten Morgen mit einem rosigen Teint zu erwachen.

Also, my Darlings, vergegenwärtigen Sie es sich mehrmals am Tag: Böse Mädchen kriegen die liebsten Jungs. Weitersagen!

Was die Jungs uns so alles erzählen

Das menschliche Ohr reagiert nur auf einen kleinen Ausschnitt des Schallspektrums. Akustische Schwingungen treffen auf das äußere Ohr und werden durch das Trommelfell zum inneren Ohr geleitet. Diese Reize werden in Erregungen umgewandelt und über den Hörnerv in die Hörregionen der Hirnrinde weitergeleitet.

Was allerdings aus männlichem Munde alles an unsere Hirnrinde dringt, ist nicht immer erfeulich. Oder es scheint beim ersten Hören so, ist aber – wie folgendes Beispiel zeigt – nur leeres Geschwafel.

»Du bist eine wahnsinnig interessante Frau«, raunte mir Ralf ins Ohr, und ich schmolz dahin wie ein Leonidas-Pralinée in der Sommersonne.

Das ereignete sich vor vielen Jahren, als ich sehr empfänglich für solche Dinge war. Wenig später kam ich dahinter, daß dieses Kompliment zu seinem Standardwortschatz zählte und er es bei jeder passenden und unpassenden Gelegenheit in unzählige weibliche Ohren hauchte. Der Kerl war für mich von einer Sekunde zur anderen gestorben. Wie ich gehört habe, soll er noch heute mit dieser Masche unterwegs sein.

Daher gehen mir solche Säuseleien mittlerweile ins linke Ohr hinein und zum rechten wieder heraus, bevor sie die Hirnrinde erreichen.

Komplimente – welche Frau träumt nicht davon? Ich natürlich auch. Aber ich bin mißtrauisch gegenüber dem geworden, was den Knaben in schwachen Momenten über die Lippen kommt.

Tina, mein *personal coach* in Sachen Unmoral, hält Komplimente ohnehin nur für leeres Gewäsch. »Es ist wirklich nicht mehr als das, meine Süße«, meinte sie kürzlich zu mir. Ich befürchte, sie hat wieder recht.

Dann gibt es noch eine besondere Gruppe von Jungs. Sie können uns Komplimente machen, die aber nicht als solche zu erkennen, oder – noch schlimmer – die gar nicht als solche gemeint sind. So ein Exemplar von Mann ist Ihnen sicherlich auch schon einmal über den Weg gelaufen.

Martin war ein Meister darin, als Komplimente getarnte Unverschämtheiten zu äußern. Er sagte einmal zu mir: »Heute siehst du aber mal gut aus.« Das »heute« betonte er dabei für meinen Geschmack ein wenig zu sehr. So, als ob er eigentlich sagen wollte: »Ganz im Gegensatz zu den Tagen zuvor hast du dir heute mal wieder Mühe mit deinem Aussehen gegeben.«

Oh, dieser Kerle!

Nur im Rudel sind sie stark

Die Sozialpsychologie befaßt sich mit dem Verhalten und Erleben der Menschen in verschiedenen Gruppen oder auch verschiedenen sozialen Partnern gegenüber.

Das Verhalten in der Familie ist anders als das gegenüber Kollegen, Freunden und Bekannten. Ebenso differiert das soziale Verhalten gegenüber übergeordneten, gleichgeordneten oder untergeordneten Personen.

Besonders das Verhalten von Männern untereinander ist ein interessantes Phänomen, wie ich vor einiger Zeit wieder feststellen konnte.

Ich stand in einer netten Szenekneipe, als mir eine Meute Jungs ins Auge sprang – oder besser gesagt, ins Ohr. Was denen für Sprüche über die Lippen kamen, war unglaublich. Es fielen Sätze wie: »Mensch, hat die Kleine da drüben große . . .« Sie können sich den Rest sicherlich ausmalen.

Dann begegnete ich einem dieser Herren auf dem Weg zur Toilette, und, was soll ich Ihnen sagen, dieser Mann allein war sogar richtig nett. Ich sprach ihn an: »Sag mal, Sweetheart, warum habt ihr in der Gruppe eine große Klappe, obwohl ihr eigentlich einzeln genommen ganz nett seid?«

Es folgte ein wahnsinnig interessantes Gespräch mit Mark, das zumindest ein wenig Licht in die männliche Psyche brachte. Aber auch er hatte keine Erklärung, warum er sich in einer reinen Männergruppe so veränderte. »Gefällt dir euer Benehmen, wenn ihr unter euch seid?« wollte ich von ihm wissen. Eine konkrete Antwort bekam ich nicht, aber sein Schulterzucken verriet mir seine große Ratlosigkeit. Wenn die Kerle doch nur einmal so vernünftig wären, wie sie vorgeben zu sein.

Um es auf den Punkt zu bringen: Der Mann als Einzelwesen kann ein netter Kerl sein. Befindet sich weit und breit keiner seiner sogenannten guten Freunde, die ihn auf dumme Gedanken bringen könnten, ist es sogar unterhaltsam mit ihm. Sobald sie zu aber mehreren auftreten und sich vielleicht auch noch Frauen in der Nähe aufhalten, stehen die Jungs unter Beweiszwang.

Sie müssen uns zeigen, wie toll, wie witzig und vor allem wie wahnsinnig stark sie sind.

Ehe ich es vergesse: Mark und ich sind heute noch dicke Freunde, obwohl es zwischen uns nie »gefunkt« hat. Oder vielleicht auch gerade deshalb?

Soll man sich emotional binden?

In einem meiner Lieblingsbücher mit dem aussagekräftigen Titel »Du bist so herrlich skrupellos, Bianca« gibt der Vater der Protagonistin die folgenden Ratschläge:

1. Verliebe dich nie, weil du sonst alle Freiheit verlierst.
2. Erforsche nie, was Ethik ist.

Auf den dritten Ratschlag möchte ich aus moralischen Gründen verzichten. Meine Freundin Tina, der ich dieses entzückende Machwerk geliehen habe, war total begeistert, entsprachen diese Ratschläge doch ihrer Lebensphilosophie. Sie hat sich ihr Leben lang nie emotional gebunden, ohne es zu bereuen.

Die deutsche Sprache drückt es ungeschickt aus: sich binden. Das hat einen bitteren Beigeschmack und erinnert an »gefesselt und gefangen sein«.

Wenn ich meine liebe Mutter betrachte, muß ich zugeben, daß es Frauen gibt, für die ein Leben ohne emotionale Bindung undenkbar ist. Solange der passende Mann zur Hand ist, geht ja auch alles klar, für die Mädels meiner Generation hingegen sind diese Herz-Schmerz-Angelegenheiten um einiges schwieriger geworden.

Wir stehen mit beiden Beinen im Leben, bestreiten unseren Lebensunterhalt selbst und sehen immer so aus, als seien wir gerade der »Vogue« entstiegen; wir versorgen außerdem nebenbei unseren Freundeskreis mit immer neuen Ratschlägen, Lachmaterial und nie ermüdender Unterstützung bei Problemen aller Art.

Wenn ich so darüber nachdenke, ist es ja eigentlich unglaublich, was wir so alles auf die Beine stellen!

Der Umstand, daß unser Liebesleben oftmals zu kurz kommt, ist traurig, aber wahr. Vor allem, wenn die Kerle ihre Probleme bei uns abladen wollen (oder was noch viel schlimmer ist: an uns ausleben möchten), zeigt sich plötzlich ganz deutlich, daß wir für Kapriolen dieser Art einfach keine Zeit mehr übrighaben. Unser Tagesablauf läßt für die anstrengenden Jungs einfach keinen Platz mehr.

Außerdem haben wir Süßen der Neunziger endlich begriffen, daß die Knaben durch ihre Marotten unserer Schönheit alles andere als förderlich sind. Die Herren der Schöpfung verfügen daher genau über drei Möglichkeiten: Entweder sie ändern sich, bleiben alleine oder gehen ins Kloster.

Ich habe mich erst lange nach meinem dreißigsten Geburtstag emotional gebunden. Dies geschah mit großer Freude, da dieser Mann das lange Warten wirklich wert war. Er bereicherte mein Leben, und wir profitierten sehr viel voneinander – auf jeder nur erdenklichen Ebene!

Heute kann ich nach vielen Jahren der emotionalen Odyssee endlich sagen: Ich bin eine glückliche Frau und weiß das auch sehr wohl zu schätzen!

Die berühmten drei Worte

Die Jungs haben in einem noch viel größeren Maß Schwierigkeiten, sich emotional zu binden, als sie zugeben möchten. Bindung steht für »schwach und unmännlich«. Das denken sie zumindest in ihrer männlichen Naivität. Von daher ist in diesem Punkt nicht viel von ihnen zu erwarten, schließlich sprechen wir hier von Männern!

Besonders bei den berühmten drei Worten »Ich liebe dich« tun sich die Knaben schwer.

Als ich damit begann, dieses Buch zu schreiben, lief »Das fünfte Element« mit Bruce Willis im Kino. Dieses Element war – neben Erde, Feuer, Wasser und Luft – die Liebe. Um die Welt vor der totalen Zerstörung zu bewahren, sollte Bruce in der Schlußszene zu seiner Filmpartnerin lediglich sagen: »Ich liebe dich.« Bis dieser Satz aber über seine heldenhaften Lippen kam, wäre es fast zu spät gewesen, und Mutter Erde hätte in Schutt und Asche gelegen.

Während im Kino alle den Atem anhielten, verschlägt es uns süßen Mädels wohl auch im normalen Leben oftmals die Sprache. Warum, so fragen wir uns, können Männer uns ihre Liebe nicht auch verbal beweisen?

Der Grund liegt auf der Hand: Unbewußt glauben sie, sie wären uns hörig und würden schwach und verwundbar erscheinen, sobald sie diesen Satz äußern. Wenn die Knaben doch endlich begreifen könnten, daß es nicht darauf ankommt, stark zu sein, sondern daß wir auf ganz andere Charakterstärken stehen! Ich denke dabei natürlich vor allem an die berühmten drei Z: Zärtlichkeit, Zuverlässigkeit und zuhören können.

Als ich mich nach vier Jahren aus diversen Gründen von meinem damaligen Freund Markus trennte, fragte er mich erstaunt: »Ja, weißt du denn nicht, daß ich dich liebe?« Ich entgegnete: »Nein, woher? Du hast es mir ja nie gesagt.« Er fiel aus allen Wolken, und mir wurde klar, daß meistens nicht einmal eine böse Absicht dahintersteckt, wenn uns dieser verbale Liebesbeweis vorenthalten wird.

Denken wir uns also nichts dabei und halten uns lieber die Taten unseres Herzkönigs vor Augen. Vielleicht entdecken wir hier ja ungeahnte Potentiale.

Fest steht für mich jedenfalls soviel: Der Mann, der zu mir unumwunden »Ich liebe dich« sagt, zeigt wahre Charakterstärke und hebt sich wohltuend von den vielen anderen Schwachmaten ab. Ganz abgesehen davon, daß er Geschmack zeigt!

Sex mit der Ex

Mir ist es – zum Glück – noch nie passiert, doch meine Freundin Simone mußte diese traurige Erfahrung leider machen.

Ihr lieblicher Freund Werner kam eines Abends nach Hause und war irgendwie merkwürdig. Nachdem dieser Zustand mehrere Tage anhielt, sprach sie ihn darauf an. Nach stundenlangem Herumgedruckse rückte er endlich mit der Sprache heraus und erzählte, daß er mit seiner Ex-Freundin Gisela geschlafen habe.

Simone fiel aus allen Wolken und fragte mich ständig: »Warum gerade mit der Frau, die ihm damals so weh getan hat und über die er immer nur Schlechtes erzählt hat? Ich verstehe das überhaupt nicht.«

Es ist schwer, eine Erklärung zu finden, warum es nicht wenige Knaben immer wieder zu ihrer Ex zieht. Jede Frau, der das passiert, fühlt sich als Versagerin. »Warum?« fragt man sich. »Bin ich ihm nicht gut genug? Warum geht er zu der Frau, die doch eigentlich der Vergangenheit angehört?«

Es gibt dafür mehrere Gründe. Ist eine Beziehung vorbei, erinnern sich die Jungs nur noch an die guten Dinge – hauptsächlich auf sexuellem Gebiet. Befinden sie sich in einer schwierigen Phase (aber das tun sie ja eigentlich immer, sprechen wir besser von einer *besonders* schwierigen Phase), kann es passieren, daß sie einen nostalgischen Gefühlsschub bekommen und sich bei ihrer Ex-Flamme ausheulen. Die Tatsache, daß solche Eskapaden oftmals im Bett enden, ist sowohl hormonell als auch kosmisch bedingt. Schließlich sind alle Kerle in diesem Universum daneben. Aus diesem Grund brauchen wir uns keine Sekunde lang als Versagerin zu fühlen. Die Knaben sind nun mal so gepolt, und fertig!

Die Frage, die sich stellt, ist folgende: Sollen wir ihm verzeihen?

Das liegt in unserem Ermessen und hängt davon ab, wie er sich sonst benimmt. Ich plädiere jedoch dafür, den Kerl sofort an die Frischluft zu befördern. Ein Mann, der uns nicht zu schätzen weiß, soll bleiben, wo der Pfeffer wächst, die elende Geschichte mit seiner Ex aufwärmen und mit ihr so unglücklich werden, wie er es verdient hat!

Wie sieht es im umgekehrten Fall aus: Sex mit unserem Ex?

Auf gar keinen Fall, Sweethearts! Wenn etwas vorbei ist, dann ist es vorbei. Es läßt sich durch nichts zurückholen. Finger weg vom Ex! Der Knabe gehört unserer Vergangenheit an – und Tote soll man nicht wieder auferstehen lassen!

Seien Sie tapfer!

Manch einer unserer Geschlechtsgenossinnen müßte man einen Orden wegen großer Tapferkeit im Umgang mit den Kerlen verleihen. Was die Herren uns so alles zumuten, geht manchmal auf keine Kuhhaut.

Nehmen wir zum Beispiel meine Freundin Uta, eine bildschöne brünette Germanistikprofessorin. Männer umschwirren sie wie Motten das Licht. Dadurch ist die Quote an männlichen Nieten bei ihr höher als normalerweise. Aber zum Glück ist sie sehr tapfer und schießt die Kerle ab, sobald sie anfangen, ihre Marotten auszuleben, und ihren Macken freien Lauf lassen wollen.

Sie hat sich nie unterkriegen lassen – und das finde ich so bewundernswert an ihr. Im Gegenteil: Mit jeder Schlappe wurde sie stärker. Bis heute hat sie die Hoffnung, daß es irgendwo und irgendwann doch noch einen Traummann für sie geben muß, nicht aufgegeben.

Wir drücken dir alle fest die Daumen, meine Zauberfee!

Mein Rat: Seien Sie so tapfer wie meine Freundin Uta und servieren Sie Ihren Kerl einfach ab, wenn er sich daneben benimmt und Ihr Teint irgendwelche Schäden davontragen kann. Auch wenn das Alleinsein zu Beginn schwerfällt, Sie werden die Trennung irgendwann als Gewinn empfinden.

Sollte ich eines fernen Tages zu viel Geld kommen, werde ich »Elas Fond für tapfere Mädels« einrichten. Einmal im Jahr wird es eine glamouröse Galaveranstaltung geben, wo all jenen Ladys der Orden *pour le mérite de rester indépendant* verliehen wird, die sich um Unabhängigkeit und große Tapferkeit vor dem Mann verdient gemacht haben. Männer haben zu diesem Event keinen Zutritt. Das versteht sich ja wohl von selbst. Schließlich wollen wir uns an diesem Abend doch amüsieren, gelle?

Ach ja, Träume sind doch immer wieder schön!

Loslassen können

Hier kommen wir zu einem ganz wichtigen Kapitel in puncto Männer – wenn nicht sogar dem wichtigsten überhaupt!

Zugegeben, ich habe auch dem einen oder anderen Knaben hinterhergeheult, selbst wenn mein Verstand mir mehr als deutlich zurief: »Der ist es weiß Gott nicht wert!« Aber Sie kennen das ja: Der Geist ist willig, das Fleisch hingegen schwach.

»Gibt es eigentlich ein Geheimrezept, um so einen verstrahlten Kerl ein für allemal aus unserem Gehirn zu verbannen?« Meine Freundin Simone stellte mir diese Frage, die recht schnell und einfach zu beantworten ist. Eine todsichere Methode ist: sich immer wieder und wieder, jeden Tag aufs neue seine schlimmsten Seiten vor Augen führen.

Er hat geschnarcht? Wie schön, ihn losgeworden zu sein! Unsere Nächte sind endlich wieder erfüllt mit Schönheitsschlaf.

Er war krankhaft eifersüchtig? Na prima, nun können wir wieder mit dem hübschen italienischen Kellner in der schnuckligen Pizzeria an der Ecke flirten, bis sich die Lasagne biegt. Wundervoll!

Die Reihe an Beispielen ließe sich beliebig fortsetzen, schließlich sprechen wir hier von Männern, und die haben bekanntlich jede Menge Macken. Verflossene ganz besonders.

Egal, ob Muskelmann oder Adonis, Richard Gere oder Brad Pitt: Kein Kerl der Welt ist es wert, daß wir uns in Tränenfluten auflösen und dabei sowohl unser Make-up als auch unsere gute Laune ruinieren!

Bestand hat nur der Wandel

Ich lag eines Nachts neben meiner vierjährigen, völlig desolaten Beziehung und fand keinen Schlaf. So konnte es nicht weitergehen, da war ich mir sicher. Martin und ich hatten uns auseinandergelebt und uns seit Wochen nichts mehr zu sagen. Aber ihn einfach verlassen?

»Warum eigentlich nicht?« schoß es mir letztendlich nachts um drei Uhr durch den Kopf. Ich stand auf, packte meinen berühmten großen Koffer und verschwand aus seinem Leben.

Bis ich eine neue Wohnung gefunden hatte, konnte ich bei meiner Freundin Steffi unterkommen, und wir hatten viel Spaß miteinander. Ich hatte den Kerl nach zwei Tagen völlig vergessen und wendete mich anderen Knaben zu, bei denen ich mir mehr Spaß erhoffte, was kein großes Kunststück war.

Von jeher war ich der Typ, der Nägel mit Köpfen macht. Faule Kompromisse einzugehen ist nicht mein Ding. Dafür finde ich das Leben zu aufregend und interessant, um es mir durch einen halbfertig geklonten Idioten versauern zu lassen.

Als Frauen haben wir ein untrügliches Gespür dafür, wann es Zeit ist, sich von den Jungs zu trennen, die uns an den Rand eines Nervenzusammenbruchs bringen. Um richtig glücklich zu werden, bleibt uns manchmal nichts anderes übrig, als unserem alten Knaben adieu zu sagen. Beim Durchstöbern neuer Jagdreviere eröffnen sich uns ganz neue Möglichkeiten. Bei mir war leider eine ganze Reihe von Jahren des Wandels nötig, um meinen inneren Frieden zu finden. Wie schön, daß ich nach langem Suchen nun endlich so ein Exemplar von Mann gefunden habe!

Die Aufwärmtherapie

Weinen Sie nach diesem Kapitel immer noch einer längst verflossenen Liebe hinterher, die Sie für die allergrößte hielten? Dann hilft nur eines: die Aufwärmtherapie. Diese funktioniert folgendermaßen:

Ingo und ich hatten uns in den achtziger Jahren in Bonn kennengelernt, als ich in der Friseurbranche arbeitete. Er war Buchhalter in der Kreditorenabteilung eines großen Unternehmens, was mich damals sehr beeindruckte. Es folgte eine heftige, aber sehr kurze Geschichte, die er beendete, weil eine Friseurin nicht dem entsprach, was ihm vorschwebte.

Als mein erstes Buch auf den Markt kam und man in vielen Zeitungen davon lesen konnte, erhielt ich einen netten Brief von Ingo. Er wollte mich wiedersehen. »Ach, auf einmal kennt er mich wieder?« dachte ich bei mir, »aber warum eigentlich nicht?« Ich vereinbarte ein Treffen am Beethoven-Denkmal in Bonn mit ihm. Ich war sehr gespannt, wie er sich in den letzten Jahren verändert haben mochte. Doch er stand unverändert vor mir: rotbraune Haare, braune Augen – und mit einem unsagbar blöden Grinsen, das mir damals nie aufgefallen war, mich aber jetzt abstieß. Er erschien mir völlig spießig und so uninteressant, daß ich es kaum fassen konnte. Am Ende des Abends kam ich zu dem Schluß, daß er seinerzeit genauso blöd gewesen war wie heute, ich es nur nicht gemerkt hatte. Ich war sehr froh, diese alte Liaison wiederaufgewärmt zu haben, wenn auch nur für einen kurzen Abend, um sie dann für immer erkalten zu lassen.

Seitdem kann ich diese Therapie all den Frauen empfehlen, die ihre Verflossenen glorifizieren und von ihnen – mit einem Heiligenschein versehen – träumen.

Jeder Pseudo-Traumprinz wird durch diese Therapie entthront. Wir können wieder ruhig schlafen, uns entspannen – und uns den Heiligenschein selbst aufsetzen.

Chefs sind auch bloß Männer

Betrachten wir es nüchtern und sachlich, meine Lieben. Mit den Chefs verhält es sich genauso wie mit den Jungs im normalen Alltag: Beim ersten Rendezvous zeigen sie uns ihr Sonntagsgesicht, um dann bald wieder ins Delirium zu fallen.

Auch Chefs präsentieren sich beim ersten Treffen – sprich Vorstellungsgespräch – von ihrer besten Seite. Dieser Zustand hält nicht lange an. Doch wenn das böse Erwachen kommt, haben wir den Vertrag bereits unterschrieben. Dann ist es zu spät, und wir sitzen in der Falle.

Im Laufe der letzten zwanzig Jahre habe ich die unterschiedlichsten Chefs kennengelernt. Ich möchte sie Ihnen nicht unterschlagen, sind sie doch für unsere Forschungsarbeiten am lebenden Mann wundervoll geeignet.

Es folgen die besten Exemplare:

Vetter Id

Er hatte ein Fistelstimmchen wie Vetter Id aus der »Adam's Family«, aber nicht so viele Haare. Mit Ende Vierzig wohnte er noch immer bei seiner Mommie, mit der er jeden Tag um Punkt 13 Uhr 20 telefonierte. Man konnte wirklich die Uhr danach stellen.

Kurz nach meinem Einstieg in diese Firma (die übrigens das reinste Irrenhaus war, aber das ist wieder eine andere Geschichte) entdeckte er seine Schwäche für mich. Das zeigte zwar, daß der Knabe Geschmack hatte, aber die Sympathie beruhte leider nicht auf Gegenseitigkeit. Trotzdem lud er mich zu den diversesten Schauplätzen ein. Zusammen mit mir wollte er den Hafen in Antwerpen erforschen, die Musikmesse in Frankfurt besuchen oder der Eröffnung eines neuen Eiscafés beiwohnen.

Der Höhepunkt war dann seine Einladung, doch auch am Samstag ins Büro zu kommen, »damit wir beiden Hübschen mal in aller Ruhe zusammen – äh – arbeiten können«.

Interessant, das hatte er ja wirklich raffiniert eingefädelt. Aber leider war ich seinen attraktiven Angeboten gegenüber völlig immun – wie gemein von mir!

Als ich dann auf der Betriebsfeier mit dem feurigen Juan anrückte, dem ich zu dieser Zeit mein Herz geschenkt hatte, rutschte seine Kinnlade in Richtung Kniescheibe. Er wechselte die Gesichtsfarbe und war für den Rest des Abends verschwunden.

Am folgenden Montag begann er, mir die Hölle heiß zu machen. Er suchte Interpunktionsfehler, wo keine waren, und dachte sich alle möglichen und unmöglichen Schikanen aus. Ich schaute mir diesen Zauber genau zwei Monate lang an, dann drehte ich diesem freundlichen Etablissement den Rücken und wechselte die Firma.

Mein Teint und mein allgemeines Wohlbefinden signalisierten mir, daß ich gut daran getan hatte. Nach weiteren vier Wochen verschwand Vetter Id auch endlich aus meinen Träumen.

Der Verführer

Dieser Chef war anstrengend, kann ich Ihnen sagen, denn seine sexuellen Übergriffe erfolgten so unvermittelt, daß man nur staunen konnte.

Es kursierte das Gerücht, daß die Assistentin der Geschäftsleitung nur dadurch zu diesem Posten gekommen war, weil sie mit ihm in die Koje hüpfte, während sie sich noch in der Ausbildung befand. Sie war sechzehn Jahre, als er sie zu seiner Chefsekretärin machte, obwohl sie noch nicht ausgelernt hatte. Man lasse sich das einmal auf der Zunge zergehen!

Der Chef und ich mochten uns überhaupt nicht; denn erstens war er überhaupt nicht mein Typ, zweitens finde ich, daß man Beruf und Privatleben voneinander trennen sollte, und drittens – der wichtigste Grund für mich – habe ich immer versucht, meine Karriere ohne fremde Hilfe voranzutreiben. Das ist mir auch recht gut gelungen.

Je mehr ich den Chef abblitzen ließ, desto wilder und verrückter wurde er nach mir. Daher setzte ich jedes Jahr aufs neue meine Hoffnungen auf den 1. August. Dann fingen die neuen Auszubildenden an, und ich wünschte mir inständig, daß dieses sexhungrige Monster sein Herz für eine dieser jungen Damen entdeckte. Doch leider ging diese Rechnung ungefähr nur bis zum 15. August auf. Dann hatte er nämlich genug von dem jungen Gemüse – und ich ihn wieder am Hals!

Da mein Hormonspiegel sich langsam dem Nullpunkt näherte und mein Badezimmerspiegel mir keine erfreulichen Dinge über meinen Teint berichten konnte, schrieb ich einige nette Bewerbungen an ein paar andere potentielle Chefs.

Neues Spiel – neues Glück. Oder sollte es bei der nächsten Stelle noch schlimmer kommen?

Der Choleriker

In einem Moment noch der netteste Kerl der Welt, konnte er zweieinhalb Sekunden später ein brüllendes Ekelpaket sein. Das Stimmungsbarometer schwankte so häufig, wie ich es noch bei keinem anderen Mann gesehen hatte.

Dabei war es sehr schwierig, den Grund für seine Brüllaffenanfälle zu lokalisieren. So hätte man die Auslöser einfach vermeiden können. War es am Montag noch ein Telefonanruf seines Geschäftspartners, der ihn auf die Palme brachte, konnte es am Dienstag ein kleiner Buchungsfehler bei den Rechnungen sein. Gegen Ende einer

Arbeitswoche bedurfte es nur noch der berühmten Fliege an der Wand, um ihn auf hundertachtzig zu bringen.

Kurzum, dieser Ausbund an Launenhaftigkeit war für unsere Fünf-Mädel-Büromannschaft einfach unerträglich. Doch wie das Schicksal es manchmal will, es ergab sich, daß wir alle fünf auf einmal einen neuen Job fanden. Wir ließen ihn am selben Tag mit unseren Kündigungsschreiben zurück. Noch drei Etagen tiefer konnten wir ihn brüllen hören, was uns aber nur noch ein müdes Lächeln entlocken konnte. Wir setzen uns in eine gemütliche Pizzeria und bestellten die Mega-Portion Pasta, was ja bekanntlich glücklich und zufrieden machen soll. Für unseren cholerischen Ex-Chef hätten aber alle Nudeln der Welt nicht ausgereicht, um sein aufbrausendes Gemüt zu beruhigen. Aber das war uns in diesem Moment so was von egal!

Der Intrigant

Eigentlich sollte man meinen, ein Chef schätze ein gutes Betriebsklima. Aber mein nächster Chef war nicht normal!

Er streute Gerüchte und sorgte für Unfrieden, wo immer es ihm möglich war. Meiner Kollegin erzählte er, ich hätte sie als »dumme Schnecke« bezeichnet. Mir berichtete er, jene Kollegin hätte mich als »hysterische Primadonna« tituliert.

Als sich die Stimmung langsam auf dem Nullpunkt befand, trommelte ich die gesamte Mannschaft zusammen, um vor Ort zu klären, wer was über wen und warum gesagt hatte. Es stellte sich recht schnell heraus, daß alles von unserem lieblichen Chef erfunden worden war.

»Warum tut er das?« fragte mich Mimi, die kleine Brünette aus der Buchhaltung. Nun, im nachhinein kann ich sagen, daß dieser Chef große Probleme mit sich selbst gehabt haben muß. Sein marodes Privatleben wollte er durch das Verursachen von Streitigkeiten und dem Aussähen von Zwist in der Firma kompensieren. Auf seinem Haus lag eine dicke Hypothek, und er stand ständig wegen diverser Verleumdungsklagen seiner Nachbarn vor Gericht. Zu guter Letzt hat ihn dann auch noch seine Frau verlassen. Ich gratuliere Ihnen noch heute zu diesem Entschluß, liebe gnädige Frau!

Warum also, so sagte er sich offenbar, sollte es seinen Angestellten bessergehen als ihm? Er sorgte nach allen Regeln der Kunst dafür, daß auch uns der Arbeitsalltag versauert wurde. Natürlich habe ich mir auch das nicht lange angesehen und bin einer neuen Stelle entgegengezogen.

Der Gütmütige

Im Prinzip war er recht pflegeleicht und immer gut gelaunt. Nichts konnte ihn aus der Ruhe bringen. Alle Probleme lösten sich seiner Meinung nach ohnehin von selbst. Dies erwies sich leider als Trugschluß.

Der Leiter der Marketingabteilung soll eine Auszubildene sexuell belästigt haben? Ach was, er ist halt nur besonders zuvorkommend!

Die Assistentin der Geschäftsleitung hat in sechs Jahren bereits fünf Mitarbeiterinnen dazu gebracht, zu kündigen? Kann nicht sein, wo ihre Augen doch so schön blau sind! In der Produktion werden nur noch rote Zahlen geschrieben? Eine Kündigungswelle droht? Regen Sie sich nicht auf und warten ab, was passiert!

Nun, ich wollte nicht warten und zusehen, wie wir alle der Reihe nach unseren Job verlieren würden. Mit diesem Chef ließ sich nicht vernünftig reden. Er war auch den vernünftigsten Argumenten gegenüber völlig immun. Ein erneuter Firmenwechsel wurde notwendig.

Mein Gefühl hatte mich mal wieder nicht getäuscht. Drei Monate nachdem ich in meinem neuen Job arbeitete, meldete die Firma meines gutmütigen Ex-Chefs Konkurs an. Sie existiert jetzt seit über acht Jahren nicht mehr.

Wie wir sehen, können uns die Jungs auch im Berufsalltag den Spaß vermiesen!

Eine Freundschaft ohne Sex?

»Gibt es das überhaupt zwischen Mann und Frau?« Meine Freundin Ester schaute mich ungläubig aus ihren großen blauen Augen an. Mit Recht! Wir widmen uns jetzt einem schwierigen Kapitel.

Männer und Sex voneinander zu trennen ist so, als wolle man Pech und Schwefel separieren.

Trotz all dieser Widrigkeit gibt es Freundschaften, die rein platonisch sind, wenn sie auch selten vorkommen – leider!

Ich hatte das Glück, solch einen Freund zu finden. Er heißt Thomas und ist ein früherer Kollege. Er ist nicht mein Typ, und ich bin seiner noch viel weniger (ja, das gibt es sogar mal bei mir!), aber wir verstehen uns blendend.

Wir können über alles reden. Es gibt dabei auch keine Tabus. Durch Thomas erhalte ich immer wieder die Gelegenheit, einen Blick auf die männliche Gefühlswelt zu werfen. Es ist hochinteressant, zu erfahren, wie die Jungs empfinden, was sie über Frauen denken und worauf sie bei uns achten.

Als Gegenleistung konnte Thomas lernen, daß in jeder von uns süßen Mädels eine Traumfrau steckt. Für Thomas bin ich seit langem sein *dream girl* – ohne sexuelle Hintergedanken. Unsere Freundschaft ist uns sehr wichtig. Wir hegen und pflegen sie daher wie ein zartes Pflänzchen.

Wenn sich Ihnen einmal die Gelegenheit bietet, eine derartige Freundschaft ohne Sex einzugehen, greifen Sie unbedingt zu! Ihr Leben wird um eine Attraktion reicher sein. Sie können Dinge über Männer erfahren, die Sie in Erstaunen versetzen werden.

Dieses Kapitel hat mit einem Ausspruch des guten Herrn Platon begonnen, deshalb soll es auch mit einem seiner Zitate enden:

»Die vollkommene Einsicht kann erst nach der vollständigen Trennung der Seele vom Körper erreicht werden.«

Na also, meine Lieben, dann wissen wir ja nun Bescheid!

7. Kapitel
Andere Länder – andere Sitten?

»Nur ein Narr oder ein
Wahnsinniger wird jemals
die Autorität der Erfahrung
bestreiten oder auf ihre äußerst
wichtige Lenkung im menschlichen
Leben verzichten wollen.«
David Hume (1711–1776)

Das grenzüberschreitende Paradies

»Schluß, Ende, aus! Ich habe genug von den deutschen Kerlen. Ich wandere aus!«

Meine Freundin Ilona war völlig außer sich und hatte nach jahrelangen Enttäuschungen auf deutschem Hoheitsgebiet die Nase von unseren Landsmännern voll.

Da ich ihre Entschlußfreudigkeit nur zu gut kenne, versuchte ich sie zu beruhigen, obwohl ich ihre Beweggründe verstehen konnte.

»Ich weiß noch nicht, ob ich einen zartgliedrigen Japaner oder einen knackigen texanischen Ölmulti nehmen soll. Auf jeden Fall will ich nie mehr einen deutschen Mann. Jawoll!« Ilona unterstrich ihrer Ausage mit einer Handbewegung, die soviel wie »Rübe ab« bedeuten sollte.

Ach, meine Süße, glaubst du ernsthaft, daß es in anderen Ländern besser um die Jungs bestellt ist? Finden wir dort das Paradies, oder sind die Männer dort genauso verstrahlt wie bei uns?

Um dieser nicht unwichtigen Frage nachzugehen, habe ich Ihnen nachfolgend typische Exemplare der Gattung Mann rund um den Globus zusammengestellt.

Bei italienischen Männern werde ich schwach. Das verhielt sich schon immer so, und es war lange Zeit keine Besserung dieses Zustandes in Sicht. Wahrscheinlich lag das an meinem alten Freund Luigi, den ich jedes Jahr in seiner Heimatstadt Venedig besuche. »Venedig sehen und sterben«, so der Titel eines Films, in dem ich ohne Probleme die Hauptrolle spielen könnte.

Luigi war einer der Schaulustigen, die um unser Fototeam herumstanden, während ich auf dem Markusplatz in Venedig für ein italienisches Journal fotografiert wurde. Er war mir aufgefallen, und nachdem wir mit unserer Session fertig waren, lud er mich zum Abendessen ein. Meine liebe Mutter hat mir zwar stets verboten, mit fremdem Männern auszugehen, aber zwei Dinge ließen mich diese goldene Regel vergessen: Erstens die Tatsache, daß ich sehr verfressen bin, und zweitens seine braunen Hundeaugen, die so treu in die Welt blickten.

Als Dessert zeigte er mir (nein, nicht was Sie jetzt denken) seine hauseigene Gondel sowie sein Heim, welches man getrost als Palais bezeichnen konnte. Das hätte selbst das wackerste Mädel umgehauen.

Lange Rede, kurzer Sinn: Luigi war damals *der* Mann für mich: witzig, gebildet, gutaussehend.

Trotz allem: Es gab keine gemeinsame Zukunft für uns. Luigi wünschte sich eine halbe Fußballmannschaft Nachwuchs. Für mich waren Kinder nie ein Thema, weil ich dafür zu viel durch die Weltgeschichte gegondelt bin. Wenn man Mutter wird, sollte man eine gute sein, und die wäre ich eben nicht. So einfach ist das – und doch so schwer bei meinem braunäugigen Luigi!

Außerdem neigen italienische Männer zu Machoallüren und hören nur auf das, was ihnen »la mama« ins Hirn setzt. Sogar bei Luigi war das so – leider!

Diese kleine Geschichte zeigt, daß wir es auch in Italien nicht leicht mit den Knaben haben. Außerdem sind sie meistens etwas klein, so daß wir in High-heels neben ihnen riesig aussehen. Betrachtet man unsere innere Größe, überragen wir ohnehin alle Männer haushoch.

Wenn Sie ebenso eine Abneigung gegen Machos hegen wie ich, sollten Sie sich in diesem Land keine allzu großen Hoffnungen auf einen Partner machen, der uns als gleichberechtigte Partnerin anerkennt. Von seinem Mutterfaible ganz zu schweigen!

Uns stehen jedoch wunderbare Köstlichkeiten zur Verfügung, um den Frust über die italienischen Männer zu vergessen: Canelloni gratinati, Tortellini à la panna oder auch Lasagne al forno. Die wirken garantiert gegen Seelenschmerz. Allerdings sind es die Kerle eigentlich nicht wert, daß wir anschließend um die zwanzig Kilo mehr auf die Waage bringen!

Holland

Henk war ein typischer Holländer: blond, groß, schlaksig und mit jener erotischen Sonnenbräune ausgestattet, die den Surfern so eigen ist.

Er arbeitete als Modefotograf und sollte mich Anfang der achtziger Jahre für einen Artikel in einem holländischen Modejournal ablichten. »Ich werde nicht braun – na und?« hieß diese Reportage. Henk war tatsächlich von meiner hellen Haut hin und weg.

Wie die meisten Holländer war er ständig gut gelaunt, hatte ein Lied oder einen flotten Spruch auf den Lippen, so daß die Arbeit mit ihm Spaß machte.

Da ich in Holland aufgewachsen bin, hatten wir uns viel zu erzählen. Nach dem Shooting zeigte er mir Amsterdam und ich ihm zwei Tage später Renesse, meine zweite Heimat. Das Abendessen in einem Restaurant direkt am Strand kann als umwerfend bezeichnet werden. Die überbackenen Muscheln waren ein Traum. Obwohl es Crème caramel als Nachtisch gab, legte Henk ein weiteres Dessert drauf. Junge, selbst dabei pfiff er ein Lied! Ob dieser Mann irgendwann auch einmal schlecht gelaunt war?

Ich dachte, die Geschichte mit Henk sei nur ein Zwischenspiel, aber weit gefehlt. Als ich eine Woche später von den Fidji-Inseln kam, wo bei brütender Hitze Fotos von mir geschossen wurden, quoll mein Briefkasten über. Henk hatte mir alles mögliche geschickt: Liebesbriefe, Gedichte und Fotos von sich. Sogar ein Lied hatte er für mich komponiert. Ich zuckte mit den Schultern und hatte die Angelegenheit wieder vergessen, als ich am nächsten Morgen um neun Uhr ins Studio kam. Wer stand dort und grinste mich breit an? Richtig, Henk! Er hatte sich von seiner Amsterdamer Agentur nach Paris versetzen lassen, »um dich glücklich zu machen«, wie er betonte.

Man sollte meinen, ich sei hocherfreut gewesen, aber nach nur einer Woche ging mir Henk nur noch auf die Nerven. Gute Laune hatte er nur tagsüber. Sobald die Sonne unterging, benahm er sich unerträglich. Obwohl er ein begnadeter Fotograf war, ließen seine Umgangsformen sowie seine Bildung sehr zu wünschen übrig. Er befand sich in Paris, in einer der interessantesten Städte der Welt. Das ließ ihn jedoch völlig kalt. Noch nicht einmal die Mona Lisa wollte er sich anschauen. »Die grinst doch die ganze Zeit nur blöd herum«, maulte er. Damit war der geplante Ausflug in den Louvre auch gestrichen, er saß lieber jeden Abend vor der Glotze.

Ich glaube, er hielt mich für intellektuell und bildungsgeil. Auf jeden Fall schaute er mich immer verständnislos an, wenn ich vorschlug, Paris näher kennenzulernen.

Zum Glück befand ich mich zu dieser Zeit in einer Phase, in der ich die Männer bereits etwas distanzierter betrachtete. Es war nicht mehr so leicht, mich zu beeindrucken. So legte ich Henk in meiner lieblichen Art nahe, wieder nach Holland zurückzukehren. Er konnte gar nicht verstehen, warum ich nicht die glücklichste Frau der ganzen Stadt war, aber zumindest verschwand er genauso schnell wieder, wie er gekommen war. Damit hatte sich der holländische Traum für mich also auch erledigt.

Frankreich

Es war einmal ein Pariser Kaufhauskönig, für den ich anläßlich einer Modenschau über den Laufsteg defilierte. Dieser Herr hatte einen Sohn namens Jean-Paul, der mich sofort heiraten wollte, als er mich dort oben auf dem Catwalk in einem taubenblauen Gaultier-Kostüm sah.

Was sich wie der Anfang eines kitschigen Märchens anhört, ist mir wirklich passiert. Außerdem sah besagter Jean-Paul nicht nur verdammt gut aus – er hatte auch verdammt viel Geld. Meine Freundin

Monique war jedenfalls völlig aus dem Häuschen, als von diesem Tag an ständig irgend etwas bei mir abgeliefert wurde: Pralinées, riesige Blumenbouquets, Karten fürs Kino, Theater oder die Oper. »Den mußt du dir unbedingt warmhalten«, sagte sie, »ansonsten erkläre ich dich für verrückt!«

Nun, ein bißchen verrückt war ich schon immer, aber diese Geschichte ereignete sich zu einer Zeit, als ich nicht gerade viele Aufträge hatte. Also dachte ich: »Warum sich eigentlich die freie Zeit nicht mal mit einem Kaufhauserben vertreiben?«

Zugegeben, er war auf seine Art irgendwie schon ganz witzig – und sah ein bißchen aus wie Jean-Michel Jarre. Beginnen wir bei seinen positiven Seiten, die er unbestritten auch hatte. Er zeigte Geschmack bei der Wahl seiner Kleidung, und das Interieur seiner Wohnung war auch nicht von schlechten Eltern: lapisblau gestrichene Wände, pastellgelbe Vorhänge, Modernes mit Antiquitäten kombiniert. Das mutete nett an, seine Manieren übrigens auch. Aber, wie viele Franzosen, verfügte er über einen exzessiven Nationalstolz.

Als ich im achten Schuljahr Französisch bekam, schlug ich das Lehrbuch auf, und was mußte ich da als ersten Satz lesen? »Frankreich ist fünfmal größer als Deutschland.« Abgesehen davon, daß die Frage nach der Richtigkeit dieser Aussage durch die deutsche Wiedervereinigung überholt ist, war für mich von diesem Moment an auch die Frage nach der Vaterlandsliebe der Franzosen geklärt.

Jean-Paul verstand nicht, daß ich seinen Nationalstolz überhaupt nicht nachvollziehen konnte. Das mag daran liegen, daß ich in zwei Ländern aufgewachsen bin. Außerdem sind die Holländer so wunderbar cosmopolitisch. Für meinen Kaufhausprinzen war es jedenfalls sehr schwer einzusehen, daß ich so etwas wie Nationalstolz nicht kannte, sondern das genoß, was mir die vielen Länder, die ich als Model bereiste, zu bieten hatten. »Incroyable«, murmelte er und schüttelte sein weises Haupt.

Die Franzosen haben vor einigen Jahren damit begonnen, alle Wörter, die nicht französischen Urspungs sind, aus ihrem Sprachschatz zu streichen. Jean-Paul sah mich konsterniert an, als ich sagte, ich würde mich an den Computer setzen. Dieses Wort klingt englisch und ist damit tabu.

Bereits nach einem Monat war ich der Meinung, daß es die sinnigste Lösung wäre, das Wort »Jean-Paul« aus meinem persönlichen Sprachschatz zu streichen. Zudem kam mir der Zufall zur Hilfe. Ich mußte während der New Yorker *fashion week* für eine erkrankte Kollegin einspringen. Leichten Herzens flog ich über den großen Teich. Bei meiner Ankunft am Flughafen fiel mir ein wunderschönes Kochbuch in die Hände: »Rezepte rund um den Globus«. Ich schrieb eine nette Widmung hinein und schickte es mit einem seeligen Lächeln auf den Lippen nach Paris.

Ich fand es wundervoll, während dieser Woche nur amerikanische Klamotten vorzuführen und amerikanisches Essen zu verkosten, da ich die folgenden drei Wochen alles andere als frankophil war.

Japan

Issey arbeitete in einem großen Kosmetikkonzern in Tokio, für den ich eine Fotokampagne machen sollte. Japaner *stehen* nicht nur wie wild auf blonde Frauen, sie *vergöttern* sie regelrecht. Zur Abwechslung tat es mir gut, von den Blicken dieses japanischen Knaben unschmeichelt zu werden.

Es traf sich gut, daß ich drei Wochen lang in Tokio war. So hatten wir ausreichend Gelegenheit, uns kennenzulernen.

Schon als Kind fand ich Japaner toll. Meine liebe Mutter glaubte daher auch lange Zeit, daß sie eines Tages einen japanischen Schwiegersohn bekommen würde. Leider mußte ich Mutter in diesem Punkt enttäuschen.

Issey entstammte einer traditionellen Familie, in der der Vater das Sagen hatte. Frauen sollten dem Vorbild der Geishas nacheifern. Als Issey mich nach nur einer Woche damit bedrängte, ich müsse für eine gemeinsame Zukunft mit ihm meinen Modeljob aufgeben, leuchteten meine Warnlichter auf, obgleich mir dieser zartgliedrige Knabe in der Tat recht gut gefallen hatte.

Mit der Zeit entdeckte ich, daß es in Japan nichts Ungewöhnliches für die Herren der Schöpfung ist, neben der Ehefrau noch andere Gspusis zu haben. Da für mich das Wort »monogam« erfunden worden sein könnte, gefiel mir das natürlich nicht besonders.

Die Göttinnenverehrung ist bei den japanischen Knaben nur eine temporäre Erscheinung. Da ich jedoch der Meinung bin, für uns süße Mäuse sollte dieser Zustand von Ewigkeit sein, empfand ich japanischen Boden nicht unbedingt als fruchtbares Terrain. Isseys und mein Abschied war filmreif: In einer verräucherten Sushibar sagte ich ihm *sayonara* und nahm ein Taxi zum Flughafen, um in andere Gefilde zu entschweben.

Die Werbekampagne wurde übrigens ein voller Erfolg. Der Gedanke, daß ich überlebensgroß von einer Werbetafel an einer Kreuzung in Tokio auf die japanischen Knaben hinunterlächelte, erfüllte mich mit einer gewissen Freude.

Amerika

O Jack, mein Bilderbuch-Texaner, irgendwie warst du toll!

Wir lernten uns in Paris kennen, wo wir beide für eine Modereportage einer meiner Lieblingsdesigner gebucht waren. Anfangs faszinierte mich seine ursprüngliche Art; außerdem konnte man wunderbar mit ihm lachen.

Jack sah in seiner engen Jeans und mit seinem markanten Gesicht aus wie der Mann aus der Marlboro-Werbung. In Gedanken stellte ich mir vor, wie er auf den Champs-Élysées, mit einem Lasso bewaffnet, die Frauen seiner Wahl einfing. Es sollte mich nicht wundern, wenn er es tatsächlich so gemacht hätte.

Unser erstes gemeinsames Mittagessen fand in einem netten Restaurant in der Rue de Flore statt und war denkwürdig. Haben Sie schon einmal gesehen, wie Amerikaner essen? Zuerst schneiden sie alles in mundgerechte Stücke, dann legen sie das Messer weg und die linke Hand auf den Schoß, um nur mit der Gabel weiterzuessen. Das ist zwar gewöhnungsbedürftig, aber nicht unbedingt verwerflich. Bei Jack wurde das Essen jedoch von einem sagenhaften Schmatzen begleitet. Um zu zeigen, daß er seine Mahlzeit beendet hatte, krönte er sie mit einem saftigen Bäuerchen (das man eher als Großgrundbesitzer bezeichnen konnte).

Jack war zu dieser Zeit ein sehr begehrtes Model. Auf den Fotos sah er auch wirklich gut aus: Jack im Smoking für eine Whiskywerbung, Jack in Golfkleidung für eine Aftershave-Kampagne und Jacks Astralkörper nur von einem roten Badeslip verhüllt. Die Tatsache, daß der

Jack im wahren Leben ein völlig anderer war, blieb ein gut gehütetes Geheimnis der Werbeagentur. Bei öffentlichen Anlässen ließ man ihn auf seinem Hotelzimmer, da sein Umgangston den Journalisten gegenüber nicht unbedingt der beste war. Die Zusammenarbeit mit ihm gestaltete sich ebenfalls merkwürdig: Er stolperte lauthals durchs Studio, rauchte wie ein Schlot selbstgedrehte Zigaretten und unterbrach jedes Shooting mit seinem lauten Fluchen auf texanische Art.

Als Jacks Familie zu Besuch kam und erstaunt darüber war, daß man in Paris mit Fancs und nicht mit Dollars bezahlte, wunderte ich mich noch mehr. Jacks Mutter fragte mich doch allen Ernstes, ob es in Deutschland wirklich noch einen Kaiser gebe. Langsam keimte der Verdacht in mir auf, daß sich hinter seiner perfekten Modelfassade geistiges Ödland verbarg. Außerdem war er in gewissen Situationen sehr grob. Man konnte es nicht mehr als »männlich« abtun.

Leichten Herzens trat ich ihn an meine Freundin Adrienne ab, die schon seit Wochen völlig verrückt nach ihm war.

Beide haben sich kurze Zeit später eine Farm in Texas zugelegt, um ein zurückgezogenes Leben zu führen. Allerdings nicht sehr lange. Eines Tages tauchte Adrienne während eines Shootings überraschend wieder auf. Nach einem halben Jahr mit Jack hatte sie genug von diesem Hobbyfarmer und war mit der nächsten Maschine nach Paris zurückgekommen. Ihr kurzer, aber passender Kommentar: »Der stressigste Modeljob ist besser als ein Leben auf dem Lande mit diesem texanischen Mutanten!«

Finnland

Es war ein bitterkalter Winter. Ein eisiger Wind wehte um das Bürogebäude in Helsinki, in das mich meine damalige Firma zu einem zweimonatigen Auslandsaufenthalt geschickt hatte.

Eigentlich stehe ich überhaupt nicht auf blonde Männer, aber man soll bekanntlich niemals nie sagen! Ich weiß es noch wie heute: Ich betrat das Büro, und vor mir stand ein blonder Knabe, der Golf spielte! Ja, Sie haben richtig gelesen! Er hieß Petri und hatte eine grüne Matte mitten im Büro ausgelegt, um das Einlochen zu üben (was er übrigens auch auf diversen anderen Gebieten tat, das sollte ich aber erst später erfahren).

Da in meinem Apartement die Heizung ausgefallen war, nahm ich seine Einladung zum Abendessen dankend an. Auch einer gemeinsamen Erwärmung war ich nicht abgeneigt. Warum es die Knaben aber immer in der Sauna wollen, wird mir ein ewiges Rätsel bleiben.

Über Petris quantitative Vorlieben zu berichten, würde den Rahmen sprengen (zumal, wie Sie ja wissen, meine liebe Mutter mal wieder mitliest), aber eines kann man getrost sagen: Es war sehr anstrengend mit ihm. Ich kam noch nicht einmal dazu, mir in Ruhe die Haare zu waschen oder einen Beautyabend einzulegen, weil Petri einfach keine Ruhe gab, bis er bekommen hatte, was er wollte. Der Gedanke, ihm triebdämpfende Mittel zu spritzen, beherrschte mich immer mehr. Leider gibt es so etwas nur auf Rezept. Schade!

Die Zusammenarbeit mit Petri war jedoch angenehm. Außerdem habe ich Finnland sehr genossen, da ich immer Freude daran habe, neue Kulturen kennenzulernen. Finnland war toll, aber warum um Gottes willen müssen die dortigen Knaben so tief ins Glas schauen?

Leider bildete auch Petri keine Ausnahme. Man erkannte ihn nach seinen allabendlichen Saufgelagen kaum wieder. Nach dem Alkoholgenuß (wenn man das bei dieser Menge überhaupt noch so bezeichnen kann) hätte er ohne weiteres »Dr. Jekyll und Mister Hyde« spielen können. Mir machte dieser Charakterwandel Angst. Selbst das Argument, diese Ausfälle mit dem langen und kalten Winter zu entschuldigen, hatte sich irgendwann erschöpft. Nach meiner Rückkehr nach Deutschland war ich fürs erste jedenfalls von blonden Skandinaviern, kalten Winterabenden und Spirituosen kuriert.

Um mich abzulenken, flog ich mit Jens (einem dunkelhaarigen Nichttrinker) nach Mauritius, wo es keine kalten Winterabende gibt. Zum Thema Sauna brauchte ich mir auch keine Gedanken mehr zu machen, da es dort ganz von alleine warm war.

Hätte es eine bessere Therapie geben können, um meine finnischen Erlebnisse zu vergessen?

»Men are all same – Männer sind alle gleich.« Dieser Ausspruch meiner amerikanischen Freundin Mary-Jo trifft die Sache zusammenfassend am besten. Wie wahr, wie wahr!

Ach ja, ehe ich vergesse, es Ihnen zu erzählen: Ilona hat in der Zwischenzeit eine zweimonatige Weltreise gemacht, die sie zu dem

Schluß brachte, daß man in anderen Erdteilen auch nicht glücklicher wird als bei uns.

Sie lebt nach wie vor in Düsseldorf und versucht, das beste aus der oftmals ach so schwierigen Lage zu machen.

8. Kapitel
Des Mannes liebstes Spiel

»... und wenn du zum
Weibe gehst, vergiß
die Peitsche nicht.«
Friedrich Nietzsche (1844–1900)

»Fußball!« So lautete die erste Reaktion meiner Freundin Ester auf die Frage nach dem Lieblingsspiel der Männer.

»Blödsinn«, konterte Simone, »schnelle Autos.«

Meine süße Tina übertrumpfte mal wieder alle: »Ach was, ihr Süßen, alles falsch. Samstags ins Fußballstadion zu gehen, anschließend sein Auto zu waschen und die anderen Männer in der Nachbarschaft neidisch zuschauen zu lassen, das ist des Mannes liebstes Spiel!«

Sie sehen, wie die Unterhaltungen über Jungs in meinem Freundeskreis ablaufen. Dabei hatte ich eigentlich an etwas anderes gedacht. Sie ahnen schon, an was.

»Ach so, du meinst Sex«, rief Tina überrascht aus, »da hätte ich auch gleich drauf kommen können. Schließlich haben die Kerle ja doch nur das im Kopf!«

Selbst ein Annäherungsversuch von der wissenschaftlichen Seite ist nicht besonders hilfreich, um die Kerle mitsamt ihrem Lieblingsspiel zu verstehen. Biologen und Evolutionsforscher haben zwar den Stoff, aus dem die Gene sind, die Desoxyribonukleinsäure (DNS), entdeckt und wissen, daß sich nicht nur Lebewesen vermehren, sondern auch ihre Baupläne. Aber viel Licht bringt das für uns auch nicht in die Dunkelheit der männlichen Psyche.

In den sechziger Jahren begannen dann unter den Wissenschaftlern die Diskussionen um Widersprüche, die schließlich die Sexualität als Erfolgsrezept – und damit auch das Prinzip Mann – grundsätzlich in Frage stellten.

Mit meinen Freundinnen führe ich auch des öfteren Diskussionen über das Thema Mann mit all seinen Widersprüchen. »Männer sind ein Widerspruch in sich«, meint meine Freundin Tina, »kaum trokken hinter den Ohren, aber *›La Paloma‹* pfeifen!«

Während Rick Michod von der University of Arizona die Tatsache betont, daß eine wichtige Funktion des Sex die Reparatur defekter Erbsubstanz sei, denken die meisten Jungs bei diesem Thema in ganz anderen Kategorien. Tatsächlich konnte ich immer wieder feststellen, daß Männer oftmals in rein sexuellen Sphären schweben und dabei ihre eigenen Fähigkeiten maßlos überschätzen. Aber das ist wieder eine andere Geschichte.

Leider ist es so, daß die Jungs schon von der Pubertät an im Sex einen Beweis ihrer Männlichkeit sehen – und das nicht nur uns Frauen gegenüber, sondern auch innerhalb des eigenen Geschlechts. Ich erinnere mich noch heute an eine Klassenfete, auf der die Jungs mit dem Lineal in der Ecke standen um auszumessen, wer der König unter ihnen sei. Der Sieger dieses blöden Wettbewerbs – Karsten hieß er übrigens und war völlig daneben – lief für den Rest unserer Schulzeit mit stolzgeschwellter Brust über den Schulhof und sonnte sich in seinem vermeintlichen Ruhm. Was soll ich Ihnen noch groß erzählen: Männer eben!

Wieviel schöner ist es da doch für uns Frauen. Ganz egal, in welchem Alter, mit welcher Haarfarbe oder in welcher Kiloklasse: wir sind ganz einfach sexy, und für diese Tatsache bedarf es keiner großartigen Diskussionen oder Beweisführungen. Wir sollten froh darüber sein, diesen ganzen Quatsch, den die Männer nötig haben, nicht mitmachen zu müssen!

Sex als Machtbeweis

»War ich gut?« fragte Olaf mich nach seinem Lieblingsspiel. Er war nicht der erste, der mir mit dieser Frage auf die Nerven ging. Die Jungs meinen nämlich nicht: »Habe ich dich glücklich gemacht?«, sondern: »Glaubst du nun endlich, daß ohne mich nichts läuft?« Ganz toll!

Das ist wirklich schade und betrüblich. Zumal es heute wohl keine von uns süßen Mädels mehr umhaut, wenn ein Mann ein paar

Kunststückchen im Bett vollbringt, um anschließend zu meinen, wir müßten in Ehrfurcht vor ihm erstarren. Diese Rechnung geht nicht auf. Bei uns schon lange nicht mehr! Schließlich wissen wir, daß es viele Männer und nicht nur den einen gibt, der uns glauben machen möchte, er sei *das* Größte schlechthin unter Gottes Sonne.

»Männer gibt es mehr als genug«, klärte ich erst kürzlich meinen Nachbarn auf, einen übriggebliebenen Veteran der Rasse Machomann-Dinosaurier. Wie bei vielen anderen ist auch bei ihm leider jede Form der Therapie vergebene Liebesmühe.

Warum sich aufregen? Schließlich wissen wir, wie Männer gepolt sind. Lassen wir uns das nächste Mal einfach von einem anderen Adonis verwöhnen, dabei wissend lächeln und so unseren Teint schonen.

Brutalo oder Softie – was darf's bitte sein?

Meine Freundin Lea leidet seit Jahren an der unstillbaren Sucht nach brutalen Typen. Bei Tom schienen ihre Wünsche endlich in Erfüllung zu gehen.

Alle drei Monate überfällt unseren Freundeskreis das große Kopfschütteln. Dann nimmt Tom mal wieder Leas Wohnung in Beschlag. Er schnorrt sich kettenrauchend und dauertelefonierend durch Leas Haushaltskasse. Zum Thema Körperpflege fällt ihm wenig bis gar nichts ein. Zu »Meine Hand sitzt locker« dafür um so mehr. Den einen oder anderen blauen Fleck kann Lea dann nur unter einer dikken Schicht Make-up verbergen.

Trotzdem ist sie verrückt nach dem Kerl und lächelt die ganze Zeit über glückselig! Mehrfach konnte ich mir die Frage einfach nicht verkneifen, was sie an diesem Typen bloß finde. Die Antwort: »Er ist verdammt gut im Bett und dabei so schön brutal!« Mann, oh Mann!

Sie merken es schon, aber mein Geschmack sind diese brutalen Bürschchen weiß Gott nicht. Ich kann mit den Knaben dieser Sorte rein gar nichts anfangen. Außer einem Schulterzucken rührt sich nämlich bei mir nichts.

Allerdings hat auch Lea nach sechs Wochen die Faxen immer wieder dicke und schmeißt Tom zum x-ten Male achtkantig hinaus, um zwei Monate später das Spiel von vorne losgehen zu lassen. Wie hieß doch noch dieser französische Film? »Sie küßten und sie schlugen sich.« Na ja . . .

Meine Freundin Angelika ist das vollkommene Gegenteil. Sie zieht es immer wieder zu den sanften Typen hin.

Da gab es zum Beispiel diesen merkwürdigen Fridtjof, den sie in einem Yoga-Kurs der Volkshochschule kennengelernt hatte. Der Kerl war so weich, daß ein mit Lenor gespültes Handtuch dagegen wie Charles Bronson wirkte. Vor allem verfügte er über keine eigene Meinung und null Menschenkenntnis. Ich finde, an einem Mann muß man wachsen können, sowohl geistig, emotional und auch sexuell. Bei Fridtjof war Angelika gleich bei allen drei Punkten an der falschen Adresse. Trotz allem fand sie ihn nach wie vor »einfach nur süß«. Au Backe!

Es scheint wirklich keine normalen Männer mehr zu geben. Entweder sie sind so macholike brutal, daß einem schlecht wird, oder sie sind so soft, daß selbst mir ausnahmsweise einmal nichts mehr dazu einfällt.

Jetzt höre ich meine Freundin Amanda wieder sagen: »Mensch, Ela, du bist zu anspruchsvoll!« Keineswegs, meine Süße. Ich bin lediglich der Meinung, daß wir nach all den Jahren der extremen Typen auch einmal Sehnsucht nach ein paar Normalos haben dürfen. Sie sind zwar auch nicht immer das Gelbe vom Ei, aber für unseren Organismus auf jeden Fall schonender.

Sollten Sie also ein bis fünf nette Exemplare dieser Gattung kennen: Immer ran an die Buletten!

Worauf er als erstes schaut

Wir kennen diese Situation: Eine Frau betritt einen Raum, und es taxieren sie mehrere männliche Augenpaare.

Dieses Verhalten der Knaben scheint sowohl angeboren als auch hormonell bedingt zu sein und sollte uns nicht weiter beunruhigen.

Die Frage, die für uns viel wichtiger ist: Wohin schaut er als erstes? Das gibt uns Aufschluß, mit wem wir es zu tun haben.

Mein Freund Thomas (Sie erinnern sich, der platonische) schaut bei einer Fau zuerst auf die Hände. Tatsächlich trägt er die Frau seiner Wahl dann auch tatsächlich auf Händen. Männer dieses Schlags sind wirklich sehr zu empfehlen.

Die Formel »PBB« (Po – Busen – Beine) zeigt uns, daß wir es mit einem Mann älteren Kalibers zu tun haben, der höchstwahrscheinlich auch völlig uninteressant ist. Wenn er uns nach oben erwähntem Muster betrachtet, erwartet uns weiß Gott nichts Umwerfendes. Besser nicht!

»Das Gesicht ist egal. Hauptsache, die Figur stimmt.« Ob ich über diesen blöden Kommentar meines Freundes Ingo erfreut war? Wohl kaum! Sagt doch gerade das Gesicht eines Menschen viel über ihn aus. Doch wenn die Knaben lieber die klassischen 90-60-90-Maße optisch abtasten möchten, kann ich ihnen auch nicht helfen. Dumm bleibt eben dumm!

Haare: das schönste weibliche Attribut schlechthin. Ein Mann, der als erstes darauf schaut, ist durchaus empfehlenswert. Schimmerndes, glänzendes Haar versetzt diese netten Knaben nach wie vor in Ekstase. Machen wir uns das zunutze und erfreuen uns am immer größer werdenden Angebot an Shampoos, Spülungen und Haarpakkungen!

Falls Sie einmal gerade nicht mitbekommen haben sollten, worauf der Mann, der Sie interessiert, bei Ihnen als erstes geschaut hat, fragen Sie ihn doch einfach! Seine Antwort wird mit Sicherheit Bände sprechen – falls nicht nur ein gutturales Gestammele aus ihm herauszubekommen ist. Fest steht jedoch, worauf Sie einen letzten Blick bei ihm werfen sollten: auf seine knackige Kehrseite, wenn er aus Ihrem Leben verschwindet. Adieu, fou!

Von der Piste in die Kiste

Also, meine Lieben, es ist doch so: Ein Mann verliebt sich in die Frau, die ihn sexuell anzieht; für uns Frauen ist *der* Mann sexuell attraktiv, den wir lieben.

Trotz dieser Tatsache kann auch ich mich nicht davon freisprechen, in meinen wilden Zeiten dem einen oder anderen Knaben die Gelegenheit gegeben zu haben, meinen Hormonspiegel direkt am ersten Abend ansteigen zu lassen.

Es gab Tage, da konnte ich keine Replayjeans samt ihres männlichen Inhalts betrachten, ohne schwach zu werden. Die folgende Nacht war sexuell meist befriedigend, allerdings gab es am nächsten Morgen nicht selten ein böses Erwachen. Haben die Jungs nämlich ihr Ziel erreicht und uns in ihre ganz persönliche Strichliste eingereiht, verschwinden sie über alle Berge, und wir sehen sie niemals wieder. Das ist traurig und ernüchternd, aber wir sollten es nicht vergessen!

Nachdem mittlerweile einige Jährchen ins Land gegangen sind, könnte ich mit keinem Mann ins Bett steigen, den ich nicht kenne, geschweige denn, von dem ich nicht weiß, ob ich ihn lieben könnte.

Ob ich wohl auf meine alten Tage sittsam werde oder so etwas wie eine gewisse Altersweisheit entwickle? Doch ehe es soweit ist, sagt meine Freundin Simone bestimmt wieder: »Ach, Ela, alles, bloß das nicht, bleib lieber einfach so, wie du bist und wie wir dich alle lieben!« Dankeschön, du süße Maus!

Die erste Nacht

Früher war die erste Nacht *das* Ereignis schlechthin. Heutzutage ist sie nicht so aufregend wie damals und erhöht unsere Pulsfrequenz nicht mehr so wie die unserer Mütter.

Trotzdem ist die erste Nacht mit einem Mann nach wie vor *der* Gradanzeiger, um ablesen zu können, wie die Geschichte weitergehen wird.

Vor allem wird deutlich, ob der Knabe vor uns Respekt hat. Ja, lachen Sie nur, aber ich finde das wichtig! Denn Männer, die die erste Nacht auch als die letzte betrachten, haken wir am besten von vornherein ab, ehe es zu Spätfolgen welcher Art auch immer kommen kann.

Die erste Nacht, die wir mit einem Mann verbringen, ist immer spannend und aufregend. Trotz all der vielen schönen Schmetterlinge im Bauch sollten Sie folgende Dinge in der ersten Nacht auf jeden Fall im Auge behalten:

Ist er zärtlich, besorgt und bemüht um uns oder etwa nur auf seinen eigenen Lustgewinn aus? Dann sollten wir Lust darauf haben, ihn schnellstens abzuschießen!

Wie verhält sich der Knabe nach dem Sex? Dreht er sich um und fällt in einen schnarchenden Tiefschlaf? O Gott, schon wieder einer mit dieser typischen Männerkrankheit. *Forget him!*

Noch schlimmer: Er springt hektisch aus dem Bett, um sich mitten in der Nacht noch zu duschen. Solche Stadtneurotiker legen wir am besten nicht in unser Bett, sondern schlicht und ergreifend ad acta!

Beeindruckt hat mich einmal ein Mann, der mich in den Arm nahm, in dem ich am nächsten Morgen nach einem äußerst erholsamen und behüteten Schlaf auch erwacht bin. Das gefiel mir so gut, daß ich dieses Ritual bis zum heutigen Tag beibehalten habe. Den Mann übrigens auch!

Das ist wohl der Gipfel!

Über den Orgasmus ist mittlerweile viel geforscht worden. Man fand heraus, daß während des Liebesaktes fast ein Viertel des Sauerstoffhaushaltes beansprucht wird und der Herzschlag zwei Drittel der maximalen Belastbarkeit erreicht. Ähnliches ließe sich zwar auch durch das schnelle Erklimmen steiler Treppen erreichen, allerdings mit geringerem Lustgewinn!

Unterstützt wurden die Sexualforscher von einer Heerschar Testpersonen, die ihren Körper in den Dienst der Wissenschaft stellten. Verheiratete und unverheiratete Menschen gaben Auskunft über sexuelle Präferenzen und Störfälle, über Höhe- und Tiefpunkte. In zahllose Meßbecher tropfte der Sperm der Selbst- und Fremdbefriedigten. Vibratoren stimulierten, was das Zeug hielt; Sensoren registrierten Druckschwankungen, und Knöpfe wurden gedrückt, um dem Ereignis eine statistische Dimension zu geben. Man weiß heute, in welchen Hirnzentren das sexuelle Wohlgefühl ausgelöst wird oder wie komplex die Mechanik von Reizen und Auslösern beschaffen ist.

Last not least bestätigten alle Forschungsarbeiten, was auch zuvor kein allzugut gehütetes Geheimnis war: Der Orgasmus der Frau unterscheidet sich von dem des Mannes. Ohne apparativen Aufwand war das bereits den frühen Psychologen klargeworden. Weibliche Laien sollen es sogar noch früher gewußt haben. Wen wundert's?

Über den Orgasmus ist viel geschrieben worden, leider auch viel Blödsinn. So mußte ich doch allen Ernstes in einer Abhandlung des Verhaltensforschers Irenäus Eibl-Eibesfeld die Behauptung lesen, der Orgasmus bei der Frau erhöhe deren Bereitschaft, sich zu unterwerfen, und stärke außerdem ihre emotionale Bindung an den Partner. Letzteres kann man ja zur Not vielleicht noch nachvollziehen, aber sich unterwerfen?

Noch toller ist die Aussage von Desmond Morris. Er hält den weiblichen Orgasmus im evolutionären Sinn für eine pseudo-männliche Reaktion.

Meine Frage: Woher wissen diese Männer das? Leider habe ich sie bislang noch nicht persönlich kennengelernt, sonst hätte ich das einmal direkt klären können!

Diesen kleinen Exkurs habe ich deswegen gemacht, um einmal zu zeigen, was den Herren der Schöpfung zum Thema »Frau und Orgasmus« so alles in ihren klugen Köpfen herumschwirrt. Denn das sagt doch recht viel – wenn nicht sogar alles – über deren Verhältnis zum anderen Geschlecht aus.

Noch vor einem Jahrhundert wurde Frauen die Fähigkeit zum sexuellen Erleben abgesprochen – und das nach einem Jahrtausende währenden Kampf des Patriarchats gegen »die Unersättlichkeit der Frau und deren natürlichen Hang zur Untreue«. Na, wenn einem da nicht schlecht wird!

Es gab eben zu allen Zeiten Jungs, die mit dem sexuellen Empfinden der Frauen so ihre ganz eigenen Schwierigkeiten hatten.

Ich denke zum Beispiel an Sigmund Freud, der uns Frauen ein eigenes Sexualempfinden absprach. Außerdem unterstellte er, daß wir durch die Schwierigkeit beim Transfer von klitoralem zu vaginalem Orgasmus häufiger an Neurosen und Hysterien leiden als Männer. Zu dieser Theorie war er ohne empirische Grundlagen gelangt, was bedeutet, daß er sie schlicht und ergreifend erfunden hat.

Die Anthropologin Sarah Hardy von der University of California sieht den Hauptgrund für die männliche Verfemung der weiblichen Lust vor allem darin, daß bei Männern die Unsicherheit über ihren Zeugungserfolg groß ist. Auf den Punkt gebracht, bedeutet das: Männer sind mehr als verunsichert, daß Frauen heutzutage eine ausgeprägte Freude am Sex haben. So erging es auch dem guten Alfred Kinsey, der 1953 behauptete, die Wände der Vagina seien bar jeglicher Nervenenden und deshalb unempfindlich für sanftes Streicheln oder leichten Druck.

Abschließend möchte ich noch auf Kate Millet zu sprechen kommen, die in ihrem wundervollen Buch »Sexus und Herrschaft« belegt, daß die weibliche Klitoris dem Penis entspricht. Sie ist ihrer embryonalen Herkunft nach das gleiche Organ, ausgestattet mit derselben anatomischen Organisation und Fähigkeit zur Reaktion. Sie kann sogar als das ursprünglichere Organ angesehen werden, aus dem während der embryonalen Entwicklung der Penis entsteht.

Die Klitoris stellt laut Kate Millet das einzige menschliche Organ dar, das ausschließlich für das sexuelle Lustgefühl bestimmt ist. Der Penis erfüllt ja beim Mann auch noch eine andere Funktion: das Pipimachen!

Entfesselungskünstler und andere Schwachmaten

»Sag mal, Ela, hattest du nicht mal einen Freund, der einen Kopfstand machen konnte und dabei noch . . .« An der entscheidenden Stelle brach meine Freundin Claudia ab und wurde rot. Ich allerdings auch, denn ich hatte tatsächlich mal einen Knaben kennengelernt, der allerlei akrobatische Kunststückchen während des sexuellen Aktes beherrschte. Damit war er aber bereits an seine Grenzen gelangt. Er heißt Fabian, und das ist im Prinzip auch schon alles, was man über ihn sagen kann.

Ein Picknick mit ihm war meist recht kalorienarm. Obwohl ich den Picknickkorb immer bis zum Rand mit den köstlichsten Delikatessen gefüllt hatte, kamen wir über die Vorspeise nie hinaus. Hormonell bedingt, sozusagen.

Sex im Schwimmbad? Na klar, möglichst im Solebad. Dort war das Wasser wunderbar undurchsichtig, so daß Fabian seine Unterwasserattacken starten konnte. Niemand hat je etwas bemerkt, höchstens daß ab und an meine Gesichtsfarbe von Blaß über Zartviolett bis hin zu Rot wechselte.

Bereits nach einem halben Jahr war ich den Kerl leid. Er war wirklich anstrengend und nur auf das Training seiner Muskeln bedacht. Mein Gefühlsleben interessierte ihn hingegen nicht die Bohne. Außerdem plagten mich endlose Muskelkater. Hohe Schuhe konnte ich während dieser Zeit schon mal überhaupt nicht mehr tragen. Ich sehnte mich nur noch nach gutem Blümchensex!

Seitdem habe ich keine Akrobaten, Zauberkünstler oder sonstige Zirkusleute mehr in mein Bett gelassen. Was am Anfang vielleicht noch ganz witzig und abwechslungsreich ist, wird auf die Dauer doch recht anstrengend für unsere Muskeln, unseren Teint und erst recht für unser Ego. Oh, meine Lieben, manchmal sind Normalo-Männer einfach weniger anstrengend, und ich kann endlich wieder hohe Absätze tragen!

Die Stammtischrunde

Wer kennt sie nicht, die Männer, die bei ihren allwöchentlichen Stammtischrunden mit ihren sexuellen Eroberungen prahlen, daß es einem nur übel davon werden kann. Sitzen am Nebentisch dann noch Vertreterinnen des weiblichen Geschlechts, ist alles zu spät! Die Jungs spielen sich dermaßen auf, daß es einfach unglaublich ist.

Warum machen sich Männer derart zum Männchen, plustern und balzen, daß man sich nur noch an den Kopf fassen kann?

Offensichtlich holt das Tierreich den Mann wieder ein, kaum daß er es ein paar Jährchen verlassen hat. Er bildet Horden und stellt sich zur Schau. Das kennen wir ja bereits aus dem Kapitel »Nur im Rudel sind sie stark«.

Was tut man denn nun gegen diese unangenehme Sorte Mann? Kann man seine zotigen Witzeleien, die leise Andeutungen bereits überschreiten, stoppen oder ihn von diesem Übel vielleicht sogar kurieren?

Nun, ich wäre nicht die süße Ela-Maus, wenn ich nicht auch hierfür eine Lösung parat hätte: Solange die Jungs unter sich sind, halten sie sich für stark und reden über Sex wie über das Wetter, den letzten Urlaub oder ihre Arbeit.

Eines Abends saß ich alleine in einer Kneipe. Am Nebentisch hielt sich eine dieser entzückenden Stammtischrunden auf. Die Jungs waren mittleren Alters, sahen eigentlich alle ganz normal aus – und waren es bestimmt auch. Aber wir wissen ja, daß die Knaben es immer wieder nötig haben, sich interessant zu machen, indem sie sich aufspielen. Nach einigen Minuten im Mittelpunkt ihres Gespräches, in dem sie anzügliche Bemerkungen über mich machten, wurde es mir dann zu bunt. Ich stand auf, ging an ihren Tisch und nahm Platz. Die Knaben wurden schon um einiges ruhiger. Ich legte los: »Also, Männer, wenn ihr hier schon über Sex reden wollt, dann aber auch richtig. Nun mal Butter bei die Fische, wie habt ihr Sex am liebsten?«

Erwartungsgemäß herrschte das Schweigen im Walde, und nachdem ich auch nach einer langen Weile keine Antwort bekommen hatte, fügte ich hinzu: »Bevor ihr das nächste Mal über Sex redet, übt es vorher noch ein bißchen, ja? Ihr scheint wohl überhaupt keine Ahnung zu haben, wie man dieses wundervolle Phänomen in Worte fassen kann!«

Mit einem madonnenhaften Lächeln schritt ich an meinen Tisch zurück und genoß mein Lachsfilet auf Schmetterlingsnudeln. Vor allem aber hatte ich für den Rest des Abends meine Ruhe. Anscheinend hatte ich diese Herrenriege doch ein bißchen beeindruckt.

Der Frontalangriff ist immer noch und immer wieder die beste Methode, Stammtischrunden zur Vernunft zu bringen. Diese Therapie wirkt nicht nur für einen Moment, sie hat auch eine langanhaltende Wirkung, weil die Knaben so geschockt sind, daß sie darüber noch lange nachdenken. Wir können also ruhig von einer Langzeittherapie sprechen.

Auch wenn's schwerfällt: immer ran an die Männer und sie mundtot machen!

Das böse Wort »nein«

In den sechziger Jahren wurde ein Fernsehspiel, das sich mit dem Thema »Verweigerung« beschäftigte, gesendet. Eine Gruppe von Frauen hatte sich zusammengetan, um ihren Männern einmal die Konsequenzen des Wortes »nein« nahezubringen. Der Skandal dieses TV-Jahres war perfekt. Die Frauen hatten damals noch schön brav, sittsam und vor allem verfügbar zu sein.

Was vor dreißig Jahren eine Welle der Empörung hervorrief, ringt uns heute höchstens noch ein müdes Lächeln ab. Genauso wie die Jungs, die immer noch meinen, unsere Welt würde sich ohne sie nicht mehr weiterdrehen. Von denen gibt es ja leider nach wie vor zu viele.

Wenn wir heutzutage keine Lust auf Bettakrobatik haben, können wir ungeniert einfach nein sagen – zur Not auch mehrere Nächte nacheinander. Schließlich geht die alte Rechnung immer noch auf: die Sehnsucht wird ihn zu ungeahnten Höhen führen.

Müssen wir jedoch zu häufig nein sagen, sollten wir uns schleunigst Gedanken darüber machen, ob wir nicht zu dem ganzen Kerl nein sagen sollten. Entschwundene sexuelle Lust deutet nämlich meist darauf hin, daß auch die Liebe auf dem besten Wege ist zu verschwinden.

Trösten wir uns mal wieder mit dem segensreichen Gedanken, daß der liebe Gott ja genügend andere Männer erschaffen hat, die uns über den Trennungsschmerz hinweghelfen.

9. Kapitel
Der Alltag an seiner Seite

»Alle unsere Erkenntnis bezieht sich doch zuletzt auf mögliche Anschauungen: denn durch diese allein wird ein Gegenstand gegeben.«
Immanuel Kant (1724–1804)

Ein bißchen Risiko gibt's immer

Sicherheit wird dem Menschen nicht in die Wiege gelegt. Alles Neue und Unbekannte ist zunächst mit Unsicherheit behaftet. Kürzlich las ich die Theorie eines Erziehungswissenschaftlers: Weil der Mensch mit zuwenig Sicherheit nicht leben könne, müsse er paradoxerweise immer wieder das Risiko suchen, um Unsicherheit in Sicherheit zu verwandeln.

Auch das Zusammenleben mit unserem Traummann – und sei er noch so toll – ist immer mit einem gewissen Risiko verbunden. Wir murmeln dann Sätze vor uns hin, die sich meist so anhören: »Hoffentlich geht es mit uns gut«, »Vielleicht entpuppt er sich ja doch als Macho«, oder aber auch so Prosaisches wie »Beteiligt er sich wohl an der Hausarbeit?«.

Der bereits erwähnte Erziehungswissenschaftler folgert weiter: »Je schwieriger die Prüfungen, Herausforderungen und Abenteuer sind, desto größer ist auch die Befriedigung, die Unsicherheit bewältigt zu haben. Wer ein Wagnis übersteht, kann Lust gewinnen, sozusagen den Lohn der Neugier. Hinter der Suche nach Neuem steckt in Wirklichkeit ein Sicherheitstrieb, dem wir, ähnlich wie dem Nahrungs- oder Sexualtrieb, nicht entgehen können.«

Wir wollen uns nun den Risiken zuwenden, die wir an der Seite des Mannes unserer Wahl eingehen.

Seine Marotten: liebenswert oder unerträglich?

Zeigen Sie mir doch bitte einmal den Mann, der keinen Spleen hat! Dadurch bleibt er aber immerhin Gesprächsstoff für lange und kalte Winterabende vor dem Kamin, wenn Sie mit Ihren Freundinnen mal wieder unser angebliches Lieblingsthema Männer durchhecheln.

Als ich meine Freundin Yasmeen fragte, welche Marotten die Jungs so haben, hat sie mir auf Anhieb so viel erzählen können, das man damit ein eigenständiges Kapitel hätte aufmachen können. Aber daß hätte den Rahmen ganz sicherlich gesprengt – zumal wir ja schon seit langer Zeit wissen, daß die Knaben alle daneben sind. Daher wollen wir uns hier nur auf die herausragendsten Eigen- respektive Unarten der Männer beschränken.

Meine Freundin Amanda regt sich schon seit mindestens zehn Jahren darüber auf, daß ihr Armin nie die Zahnpastatube zudreht. »Er dreht sie nicht zu, und ich drehe durch«, sagt sie gerne.

Wenn das alles ist, worüber du dich echauffierst, dann bist du eigentlich eine glückliche Frau, meine Süße!

Schwieriger verhält es sich bei meiner Freundin Steffi. Ihr Feund Oliver ist nicht nur ordentlich, sondern superpenibel. Jedes Stäubchen wird sofort entfernt. Er reinigt alles mit Domestos, und der Staubsauger macht bei ihm jeden Tag Überstunden. Wenn ich beide besuche, fühle ich mich in dieser sterilen Umgebung wie in einer Privatklinik für Putzteufel.

Männliche Neurosen dieser Art stoßen gerade bei mir auf überhaupt kein Verständnis. Bereits nach kürzester Zeit hätte ich solch einen Knaben wohl in seinem eigenen Putzeimer ertränkt oder ihn mit Hilfe des Staubsaugers verschwinden lassen!

Ein besonders übler Fall ist mein guter alter Freund Mark. Er hat nämlich einen Spleen, den ich absolut unausstehlich finde und den ich ihm seit über zwanzig Jahren versuche auszutreiben.

Egal, wo wir sind, er schaut jeder Frau hinterher. Ob wir spazierengehen, in einem Restaurant sitzen, uns in der Zappelbude austoben oder im Park auf einer Wiese liegen, der Kerl renkt sich das Genick nach allem aus, was auch nur ansatzweise nach weiblichen Hormonen riecht. Es wird einem jedesmal angst und bange, und ich denke dann immer, ich müßte ihn zum Chiropraktiker schleppen, um seinen Hals wieder einrenken zu lassen.

Er gelobt immer Besserung. Zumindest in meiner Gegenwart wollte er es »nie und nimmer mehr tun«. Aber Sie wissen ja selber, was von den Versprechungen der Knaben zu erwarten ist: nichts!

Ob man mit den Macken der Jungs nun leben kann oder nicht, ist eine Frage der Toleranz. Sollten sie ja vielleicht auf anderen Gebieten über bemerkenswerte Fähigkeiten verfügen, kann man kleinere Marotten durchaus ertragen. Ich habe mir sagen lassen, daß es solche Männer tatsächlich geben soll.

Die unmännliche Hausarbeit

Auch über dieses prosaische Thema müssen wir uns unterhalten. Viele der wundervollen Knaben meinen nämlich allen Ernstes noch heute, daß Hausarbeit sie überhaupt nichts anginge. Pech für sie! Es ist kaum zu ermessen, wie groß der Irrtum ist, dem sie aufgesessen sind!

Wenn der Mann an unserer Seite es in den neunziger Jahren immer noch unmännlich findet, sich einen Staubsauger zu schnappen, um die Krümel zu entfernen, die er beim Fußballschauen auf den Teppich hat rieseln lassen, dann fällt sogar mir ausnahmsweise kein passender Kommentar dazu ein.

Den Knaben ist diese machomäßige Einstellung nur schwer auszutreiben. Gelingen kann es nur über die Vernunftschiene. Ihm einen Netzplan aufzustellen sollte das mindeste sein, was wir unternehmen, denn nur so werden wir seinem Großhirn die Botschaft vermitteln, was, wann, wo, wie und vor allem warum zu erledigen ist. Aber selbst hier übernehme ich keine Garantie. Es könnte sein, daß diese Vorgehensweise ihre Wirkung doch noch vor der Erfüllung unserer Wünsche verfehlt.

Stellen wir also fest, daß er uns sozusagen als seine ganz persönliche Haushälterin engagiert hat, sollten wir ihm mit sofortiger Wirkung die Kündigung aussprechen, ihm ein Buch über Haushaltstips in die Hand drücken und ihn dann in die Wüste schicken. In einem

Beduinenzelt wird er gut aufgehoben sein. Dort reduzieren sich die anfallenden Hausarbeiten ganz beträchtlich. Oder haben Sie dort schon einmal jemanden staubsaugen sehen?

Sein wahres Gesicht

Am Anfang einer Beziehung zeigt er uns immer nur sein Sonntagsgesicht. Kurze Zeit später lassen seine Anstrengungen bereits nach, und die Maske fällt. Wir konnten sein wahres Gesicht zwar vorher hier und da bereits durchschimmern sehen, aber nun wird die Sache ernst. Wir wollen es nicht so richtig wahrhaben, aber irgendwann können wir nicht mehr so ohne weiteres wegschauen und müssen der Realität ins Auge beziehungsweise ihm in sein wahres Gesicht sehen.

Oh, meine Süßen, ich weiß, wie weh dieser Moment tut. Leider habe ich kein Patentrezept zur Hand, um diesen Schmerz zu mildern.

Ich kann mich noch genau daran erinnern, wie schlimm es für mich war, festzustellen, daß der so friedlich erscheinende Ralf auf einmal die schlimmsten Brutaloanfälle bekam, die ich je bei einem Mann erlebt hatte. Gerade noch friedlich lächelnd, warf er urplötzlich Geschirr durch die Gegend und riß Tisch und Stühle um. Man konnte sich nur noch dadurch in Sicherheit bringen, daß man die Wohnung blitzartig verließ und frühestens drei Stunden später wiederkam.

Fällt die Maske, können wir diese Situation am besten mit der uns angeborenen weiblichen Logik meistern.

Sollte er sich zum Beispiel als Meister in Sachen Brüllen entpuppen, fragen wir uns am besten, ob er lediglich seinem Frust Ausdruck verleihen möchte oder ob er uns damit meint. Zumeist ist er drei Minuten später sowieso wieder lammfromm und tut so, als ob nichts gewesen sei.

Können wir damit leben, ist nun die Frage aller Fragen. Wir sollten einen Mann so lieben, wie er ist, und nicht das Bild, das wir uns von ihm aufgebaut haben. Es ist das Problem vieler Frauen, den Mann an ihrer Seite zu glorifizieren und auf ein Podest zu stellen. Das böse Erwachen ist vorprogrammiert. Daher mein Rat: Schauen Sie sich ihn von vornherein mit wachsamen Augen an, und fangen erst gar nicht an, irgendwelche Wunderdinge oder Heldentaten in ihn hineinzuinterpretieren. Die Sache wird nämlich sonst ganz zwangsläufig schiefgehen. Auf diese Weise beugen wir schlimmen Enttäuschungen vor. Mit der traurigen Tatsache, daß alle Männer auch ihre dunklen Seiten haben, werden wir wohl oder übel leben müssen.

Nur für eines habe ich kein Verständnis: wenn er uns angreift, unsere Persönlichkeit untergräbt und uns fertigmachen will. Hier hilft nur noch folgendes: Zeigen wir ihm nicht nur unser wahres Gesicht, sondern bieten ihm auch die Stirn und katapultieren ihn mit einem eleganten Schwung aus unserem Leben!

Bloß keine Routine!

Sie haben ihn gefunden, den Mann, an dessen Seite Sie Ihr Leben verbringen möchten? Herzlichen Glückwunsch!

Leider ist es so, daß sich die Jungs schnell langweilen und wir daher nicht genug Abwechslung in ihr Leben bringen können.

»Ich spiel' doch nicht den Pausenclown für die Jungs«, entrüstete sich meine Freundin Lea, als sie mit diesem schnuckligen Carlos zusammengezogen war. Ganz unter uns, meine Lieben, für Carlos hätte ich jede Rolle gespielt.

Aber Scherz beiseite, mein Rat ist ernst gemeint. Wir sollten uns immer vor Augen halten, daß fast alle Männer von der alten Nummer, die da heißt »Heilige und Hure«, träumen. In jeder von uns Süßen schlummert ein großes Potential, so daß wir jede Rolle aus dem Effeff spielen können. Warum sollten wir ihm nicht mit diesem vorgetäuschten Charakterwechsel das Leben versüßen? Er wird glücklich sein, und wir haben ein riesiges Späßchen obendrein!

Empfangen Sie den Knaben Ihrer Wahl doch einfach in einem glamourösen Outfit und spielen ihm die Femme fatale vor. Wetten, daß er Sie auch wie eine Diva behandeln wird? Die meisten Männer träumen davon, einmal einen Hollywoodvamp zu verwöhnen. Wie dieser Abend enden wird, dürfte wohl klar sein!

Auch eine beliebte Methode, einen Mann in Erstaunen zu versetzen, ist, ihn an die unmöglichsten Orte zu entführen. Ein nächtliches Bad im Waldsee? Tolle Idee!

Was ist mit sexuellen Spielereien im Kino? Jawoll, genau die braucht er!

Ein spontan gebuchtes Weekend in Wien, London, Paris – oder welche auch immer Ihre Lieblingsstadt sein mag – ist auch nicht zu verachten. Überraschen Sie ihn mit einer perfekt geplanten Städtetour. Vergessen Sie aber nicht, einen Shoppingabstecher in die vielen netten Läden einzuplanen. Wenn er dann nicht in der Stimmung ist, Ihnen eines diese netten Teile von Lagerfeld, Saint-Laurent & Co. zukommen zu lassen, weiß ich auch nicht weiter.

Wir sehen: Abwechslung ist Trumpf. Sollte er aber auch nach Jahren noch immer dasselbe alte Ekelpaket sein, bleibt nur noch eine Abwechslung übrig, die wir ihm bieten sollten: ein Leben ohne uns und unsere Showeinlagen!

Die männliche Gefühlswelt

»Gefühle sind Grundphänomene des Erlebens. Sie sind ein Ausdruck der Anlagebestimmtheiten der Persönlichkeit. Bei den Gefühlen handelt es sich um seelische Zustände, die ohne Mitwirkung des Bewußtseins als unmittelbare Reaktionen auf ein äußeres oder inneres Geschehen auftreten.

Man unterscheidet verschiedene Gefühlsarten:

- Empfindungsbedingte Gefühle wie Wärme, Wohlgeschmack
- Triebbedingte Gefühle wie Lust, Unlust, Angst
- Persönlichkeitsbedingte Gefühle auf den Gebieten Religiosität, Ethik, Ästhetik sowie Sympathie, Mitgefühl, Takt- und Anstandgefühle . . .«

Was sich in einem Lehrbuch für Psychologie einfach anhört, macht uns süßen Mädels das Leben oft sehr schwer.

»Warum können die Kerle denn nicht wenigstens einmal ihre Gefühle zeigen?« fragte mich meine Freundin Mia vor kurzem. Ich wußte sofort, daß sie mal wieder an einen »Gefühlskrüppel« geraten war.

Tatsächlich fällt es den meisten Männern schwerer als uns Frauen, ihre Gefühlswelt zu offenbaren. Schon von Kindesbeinen an wurden sie auf hart und männlich gedrillt (»Ein Indianer kennt keinen Schmerz!«). Deshalb ist es sehr schwierig, diesen Zustand zu ändern.

Besonders deutlich wird dies beim sogenannten Festlandsyndrom, welches übrigens bei fast allen Knaben anzutreffen ist: Im Bett sind sie zärtlich, lieb und lassen ihren Gefühlen – auch verbal – freien Lauf. Sobald aber der Wecker klingelt und sie ihre Füße wieder auf dem »Festland« haben, ist alles vergessen.

Höchstens wenn wir mit ihm alleine im Park sind, das heißt ohne irgend jemanden in Sichtweite, kann es passieren, daß er auf einmal zärtlich wird, uns umarmt oder küßt. Das aber nur sonntags!

Sollte jedoch sein bester Freund dabeisein, kann es uns passieren, daß er uns überhaupt nicht anfaßt. Das rührt noch aus der frühen Schulzeit, als die kleinen Knaben sich gegenseitig hänselten und riefen: »Igitt, der spielt ja mit Mädchen!«

Im Geist bleiben die Jungs immer klein. Wir sollten uns deswegen beim Festlandsyndrom nichts Böses denken. Schließlich wissen wir ja, daß er uns am Abend, wenn wir ihn ins Bett gelockt haben, seine verschüttete männliche Gefühlswelt offenbaren wird.

Nutzen wir diese Situation doch einfach bis zum Exzeß aus, meine Lieben. Schließlich muß die Wirkung mindestens vierundzwanzig Stunden vorhalten!

Urlaubspläne

Ich bin an der holländischen Küste aufgewachsen, daher zieht es mich immer wieder ans Meer. Ich liebe die frische Luft und die wunderbaren Sandstrände, an denen ich stundenlang spazierengehen und meine Gedanken auf Reisen schicken kann. Für mich ist es das Paradies auf Erden schlechthin!

Vor einigen Jahren bin ich diesem Urlaubsziel aber untreu geworden. Leider muß ich es Ihnen gestehen: einem Mann zuliebe. Ich traue mich kaum, Ihnen diese vermaledeite Geschichte zu erzählen.

Peter war ein knackiger Sportsmann und Fan der Berge. Wir lernten uns kennen, als ich durch den Stadtpark tigerte und mir Gedanken über ein neues Projekt machte. Es war sehr warm, und ich trug eine schwarze Boxershorts und ein Muskelshirt. Dummerweise muß er wegen meines Outfits wohl gedacht haben, ich sei weiß Gott wie sportlich. Das war ein totaler Irrtum, obwohl ich zugegebenermaßen sportlich aussehe.

Jedenfalls entwickelte sich eine nette Freundschaft, die Peter mit einem gemeinsamen Urlaub krönen wollte. Ihm zuliebe ließ ich mich auf einen Urlaub in den Alpen ein. Der Urlaub war wirklich der Gipfel, in jeder Beziehung.

Lange ausschlafen? Gemütlich frühstücken? Sich dann Gedanken über den Tagesablauf machen? Alles falsch!

Statt dessen hatte Peter folgende Vorschläge: um halb fünf aufstehen, das Frühstück in den Rucksack packen, um es dann bei Sonnenaufgang in der ersten Berghütte zu genießen. Nach dem Abstieg braucht man sich ja ohnehin keine Gedanken mehr über den weiteren Tagesablauf zu machen, weil man danach einfach so müde ist, daß man nur noch ins Bett fallen und schlafen kann.

Am ersten Tag habe ich mich noch zusammengerissen und Peter zuliebe die Bergtour gemacht. Mit jedem Meter, den wir den Berg hinaufkraxelten, wurde mir immer mehr bewußt, daß ich die Berge haßte!

Peter wurde mir auch nicht unbedingt sympathischer durch seine Liebe zu den Bergen. Ich war nur froh, daß sein kleines Reiseradio unterwegs nicht auch noch österreichische Schrammelmusik spielte. Dafür hatte er nämlich zu meinem Entsetzen ebenfalls ein ausgeprägtes Faible. Mir waren wohl im Eifer des Gefechts die Vorlieben dieses Klettermaxen verborgen geblieben. Nun ja, *nobody is perfect*!

Am Abend war ich dann völlig erledigt. Ich hatte zwar einen knakkigen Mann neben mir liegen – und ich könnte Ihnen da Dinge erzählen . . ., aber das ist wieder eine andere Geschichte. Was nützten mir all diese anatomischen Höhepunkte? Ich war völlig down, und er saß über seiner Bergkarte und arbeitete die nächste Tour (oder – besser gesagt – Tortur) aus.

Dafür, daß ich ohne Murren den Auf- und Abstieg geschafft hatte, war eine Gipfelerstürmung bei mir das mindeste, was ich erwartete. Als Belohnung sozusagen. Aber augenscheinlich interessierten ihn die Kurven der Alpenhügel mehr als meine.

Ich schlug ihm vor, am nächsten Tag doch bitte alleine auf seine überdimensionalen Erdhügel zu klettern. Ich würde mir die Zeit schon irgendwie vertreiben. Anstatt über diesen meiner Meinung nach doch recht kreativen Vorschlag zu jubilieren, hielt Peter mir einen Vortrag über: erstens die Schönheit der Berge, zweitens die gute Luft und drittens das Training meiner Oberschenkelmuskulatur, um einer drohenden Cellulitis vorzubeugen.

Zu Punkt 1: Das einzig schöne an den Bergen war die Tatsache, daß ich die ganze Zeit Peters knackige Kehrseite in engen Klettershorts vor mir sah. Zu Punkt 2 bezüglich der guten Luft war es mir einfach nicht auszureden, daß die Luft am Meer bekömmlicher ist. Zu Punkt 3: Eine drohende Cellulitis? Welche Cellulitis sollte wem drohen? Ich drohte Peter nicht nur an, sofort abzureisen, sondern hatte auch meinen Koffer schneller gepackt, als er seine Bergsteigerstiefel ausziehen konnte. Oder irgendein anderes Kleidungsstück, denn so wie der Knabe gebaut war, hätte mich das vielleicht doch wieder umgestimmt.

Ich bestieg den Zug von Garmisch-Partenkirchen nach Dortmund, wo bereits meine telefonisch alarmierte Freundin Tina mit ihrem Reisegepäck auf mich wartete. Noch am selben Tag fuhren wir beiden Hübschen nach Renesse und genossen dort erstens die Schönheit der Holländer, zweitens die gute Luft auf ausgiebigen Strandspaziergängen und amüsierten uns drittens bei den süßen holländischen Sünden prächtig darüber, daß wir beide von Cellulitis verschont geblieben sind. Es wurde eine der schönsten Urlaubsfahrten, an die ich mich erinnern kann!

Man sollte ja nun wirklich meinen, ich hätte daraus etwas gelernt, aber gutmütig, wie ich nun mal bin, hab ich mich auf einen Fahrradurlaub mit Andy eingelassen. Warum ich damals aber auch immer auf gutgebaute Sportler hereingefallen bin, ist mir heute ein großes Rätsel.

Ich schwang mich samt Rucksack, Reiseproviant und guter Laune mit Andy in den Zug und fuhr in Richtung Edersee. Es war ein brütend heißer Sommer, und mir hätte bereits die Radfahrt von Bad Wildungen zum See hinunter für die nächsten Tage durchaus gereicht. Aber meine sportliche Urlaubsbegleitung trieb mich zu immer neuen Eroberungen auf zwei Rädern an. Das war dann aber leider auch schon alles, was den Kerl trieb. Lassen sich Triebe und exzessive sportliche Betätigung nicht miteinander vereinbaren? Keine Ahnung!

Was auf den Reiseproviant zutraf, galt auch für meine gute Laune: Beide neigten sich dem Ende zu. Doch dieses Mal war ich schon etwas schlauer als bei der mißglückten Bergtour: Ich fuhr den Weg nach Bad Wildungen zurück, setzte mich kommentarlos in den Zug und fuhr nach Hause, wo ich so einen richtig schönen Faulenzerurlaub machte. Eine Postkarte vom Edersee verkündete mir drei Tage später die traurige Botschaft, wie sehr Andy mich vermißte. Wie schade für ihn!

Aus beiden Touren habe ich jedenfalls gelernt, daß es nie wieder in die Tüte kommt, einem Mann zuliebe eine Reise zu machen, von der ich von vornherein weiß, daß sie ein Horrortrip wird.

Urlaub bedeutet für mich Erholung pur! Nach monatelangem Arbeiten bin ich froh, einmal meine Ruhe zu haben. Dann möchte ich auch keine Hügel erklimmen, Fahrradtouren absolvieren oder sonstige sportliche Unanständigkeiten über mich ergehen lassen!

Wenn sich der Knabe im Urlaub sportlich schinden will, soll er das ruhig machen. Nur ohne mich!

Kommt er dann nach drei Wochen zurück und raunt uns ins Ohr, er habe uns ja so vermißt, können wir es eben auch nicht ändern.

Kinderwunsch

»Die Sache mit dem Omawerden habe ich meiner Mutter ausgeredet, als ich elf war«, erzählte meine Freundin Tina, »sie hatte mir gerade gestanden, daß es keinen Weihnachtsmann gibt, und da dachte ich, der Zeitpunkt wäre goldrichtig, ihr beizubringen, daß ich keine Kinder haben möchte!«

Tatsächlich hat Tina bis heute eine ausgeprägte Abneigung gegen Nachwuchs. Daran wird sich wohl auch in nächster Zeit nichts mehr ändern.

Es gab Zeiten, da sah ich mich als Mutter. Ich hätte gerne zwei Kinder gehabt und ihnen alles über Gottes schöne Welt erzählt. Aber zum einen war ich damals überall und nirgends: ein Fotoshooting hier, eine Modereportage da, montags in New York und zwei Tage später schon wieder auf den Seychellen, um die neue Bademode ins rechte Licht zu rücken, zum anderen fehlte mir der richtige Vater für meine Wunschkinder. Es umschwirrten mich damals wie heute zwar jede Menge Jungs, die vielleicht ja auch ganz nett waren, aber als Vater konnte ich mir nun wahrlich keinen vorstellen – und mich als Mutter noch viel weniger.

Dann gab es die Phase, in der ich dachte: »Wenn du erst einmal über Dreißig bist, kannst du immer noch darüber nachdenken. Nun, das Schicksal wollte es anders. Mit Anfang Dreißig drehte sich mein Leben um 180 Grad. Ich wechselte den Job, den Mann und meinen gesamten Freundeskreis.

Was mich im ersten Moment erschreckte, erkannte ich später als Startschuß für neue Chancen. Ich begann, Bücher zu schreiben, und besann mich auf mein Potential anderer Fähigkiten. Das war eine spannende Phase – die aber auch keinen Raum für Kinder ließ. Dabei ist es bis heute geblieben.

Man könnte nun meinen, dies sei eine traurige Geschichte, ist es aber zum Glück nicht. Bis heute habe ich es nicht bereut, keine Kinder zu haben. Ich finde, alles, was man macht, sollte man hundertprozentig tun. Wenn Mutter, dann auch richtig, oder eben – wie in meinem Fall – gar nicht.

Auch die Jungs, die ich kennenlernte, wollten keine Kinder. Daher habe ich mein Nicht-Muttersein als Schicksal angenommen. Als Patentante bin ich dafür unschlagbar!

Noch einen guten Rat möchte ich Ihnen mit auf den Weg geben: Suchen Sie sich einen Mann, der in puncto Kinderwunsch mit Ihnen konform geht. Wenn es hier Differenzen gibt, leidet eine Partnerschaft unweigerlich darunter, so wie bei meiner Freundin Gina. Für sie war von jeher klar, daß sie Kinder haben wollte. Schon im Kindergarten wickelte sie ihre Puppen stundenlang und war die beste Puppenmami, die ich mir vorstellen konnte. Später galt sie als der beste Babysitter der Stadt. Ein Leben ohne Kinder konnte sie sich nicht denken, und so wurde sie kurzentschlossen Kindergärtnerin.

Dann lernte sie Piet kennen und lieben. Beide waren *das* Traumpaar schlechthin. Es herrschte die totale Harmonie zwischen ihnen – bis auf die Sache mit dem Kinderkriegen. Piet sträubte sich mit Händen und Füßen dagegen, und eines Tages wurde dieses Thema ein unüberwindlicher Streitpunkt zwischen beiden. Sie stritten sich immer häufiger, so daß es eine anstrengende Sache war, sie zu besuchen. Jeder wollte, daß man sich auf dessen Seite schlug, um den Kinderstreit mit guten Argumenten zu schlichten. Es war einfach fürchterlich!

Erst kürzlich haben sie sich voneinander getrennt, weil sie keine gemeinsame Perspektive mehr sahen. Das fanden wir alle sehr schade, obwohl wir es verstehen konnten, daß eine Trennung in diesem Fall das beste war. Jedes weitere Miteinander der beiden hätte unweigerlich in ein großes Fiasko geführt.

Wenn Sie sich also Kinder wünschen, suchen Sie sich so einen richtig lieben Kindesvater aus, der Sie und Ihren Nachwuchs verwöhnt. Von dieser Sorte gibt es übrigens mehr, als man meinen sollte, also immer ran!

Heirat: pro und contra

Interessant fand ich die Entdeckung, daß es die kirchliche Eheschließung, so wie wir sie heute kennen, nicht immer gab. Die Verbindung von Mann und Frau stand zwar immer unter dem besonderen Schutz der Kirche, aber Eheschließungen galten erst durch den ersten Geschlechtsverkehr als vollzogen.

In manchen Gegenden wurde das Paar feierlich von den Hochzeitsgästen ins Brautgemach geleitet, und der Pfarrer segnete das Bett. Oft wartete die fröhliche Runde auch noch das Entkleiden ab, ehe sie sich zum Singen und Tanzen vor die Tür zurückzog, um dort auf die Präsentation des durch Entjungferung blutbefleckten Leintuchs zu warten.

Vielerorts galt auch das gegenseitige Treueversprechen der Gatten als Eheschließung, selbst wenn dies heimlich geschah. Eine solche »Winkelehe« konnte vor allem der Frau große Nachteile bringen, wenn diese etwa ihre Jungfernschaft verloren hatte, womöglich auch noch schwanger geworden war und nun ihrem untreuen Geliebten die heimliche Hochzeit nicht nachweisen konnte.

Erst im Jahr 1563 schrieb das Konzil von Trient die kirchliche Trauung endgültig vor. Die Unauflöslichkeit der Ehe wurde aber erst im Laufe des Hochmittelalters eingeführt. Vor allem die Jungs aus dem Adelsstand hatten lange Zeit auf ihr Recht beharrt, Frauen zu verstoßen. Beim einfachen Landvolk war die unauflösliche Form der Ehe bereits eingeführt, bevor die Kirche dort irgend jemanden dazu zwingen mußte.

Wie sieht es heutzutage mit der Ehe aus? Als Fünfjährige gab es für mich nur einen Traum: von meinem Märchenprinzen vor den Traualtar geführt zu werden. Ich hätte ein weißes Hochzeitskleid an und Lilienblüten im Haar. Ach ja!

Jahre später war dieser Traum dann bis auf weiteres zuerst einmal für mich ausgeträumt. Zum einen wohl deshalb, weil es Märchenprinzen, wie der Name schon sagt, nur im Märchen gibt. Zum anderen, weil die Lilien gelbe Flecken auf dem Hochzeitskleid verursachen!

Für viele sind die Erfahrungen in der Ehe mitsamt dem dazugehörigen Ehemann ernüchternd – und das häufig schon ziemlich bald, nachdem die Hochzeitsglocken verklungen sind. Ich war damals jedenfalls für mehrere Jahre allergisch gegen Hochzeitsfotos, den Hochzeitsmarsch und gegen alles, was auch nur entfernt ans Heiraten erinnerte. Selbst Einladungen zu Hochzeitsfeiern mußte ich leider absagen. Zum Glück hielt dieser Zusstand nur ein paar Monate an.

Ich komme aus einer Familie, in der es noch nie Scheidungen gab und in der alle seit Jahrzehnten miteinander glücklich sind. Das ist sehr schön und tröstet über die vielen zerbrochenen Ehen, die ich im Laufe der Zeit gesehen habe, hinweg.

Aber seitdem ich mein eigenes Leben lebe und es mich quer durch die Welt gezogen hat, muß ich feststellen, daß es kaum noch glückliche Ehen gibt. Woran das liegen mag, ist schwer zu sagen. Eine große Rolle spielt dabei ganz sicherlich der Umstand, daß unsere Zeit sehr schnellebig geworden ist, so daß auch die Beziehung zwischen Mann und Frau anders ist als zu den Zeiten, wo meine liebe Mutter meinen Vater kennenlernte und ihn einige Jahre später auch ehelichte.

In meinem Bekanntenkreis existieren die unterschiedlichsten Formen der Ehe: Eva und Harry sind seit fast zwanzig Jahren glücklich miteinander verheiratet und haben es keinen Tag bereut. Claudi und Andreas leben seit verflixten sieben Jahren in einer wilden Ehegemeinschaft und haben es ebenfalls nicht bereut.

Dann gibt es noch Eva und Georg, die seit drei Jahren glücklich geschieden sind. Beide haben ihren Entschluß nie bereut. Man kann also ganz ungeniert sagen, daß alle auf ihre Weise glücklich geworden sind.

Wenn Sie nun den Eindruck haben, ich sei gegen die Institution der Ehe, so muß ich Sie enttäuschen. Erst kürzlich sah ich in einem New Yorker Schaufenster dieses göttliche Hochzeitskleid von Donna Karan. Mein nächster Schritt war der, meinen Friseur zu fragen, ob er Margaretenblüten in meine Hochsteckfrisur einarbeiten könne. Er verstand sofort, was ich meinte, und summte den Hochzeitsmarsch vor sich hin, was übrigens keine allergischen Reaktionen mehr bei mir auslöste.

Sie sehen, ich würde niemals nie zur Ehe sagen. Zumal ich gerade den richtigen Kandidaten zur Hand hätte. Schaun wir mal . . .

10. Kapitel
Die glückliche Beziehung

»Daher ist es unmöglich,
daß in diesem Leben
die wahre Glückseligkeit
besessen wird.«
Thomas von Aquin (1225–1274)

Noch vor einem Jahr hätte ich dieses Kapitel nicht schreiben können! Glückliche Beziehungen waren für mich früher etwas, was ich nur vom Hörensagen kannte, aus Hollywoodfilmen oder aus dem Märchen.

Eine Zeitlang schien ich aber auch wirklich ein Händchen dafür zu haben, immer an die verstrahlten Typen zu geraten. Ich zog die geschädigten Jungs an wie Motten das Licht. Ob alle Männer damals durch den Wind waren oder ob ich mir aus tausend lieben Kerlen immer den schlimmsten herauspickte – keine Ahnung.

Auf jeden Fall machte ich mir doch so meine Gedanken darüber. Man sagt ja nicht umsonst, daß psychotische Charaktere ihr Gegenstück magisch anziehen. Diese Vorstellung war schon beängstigend! War ich damals ebenso wie die Kerle?

Nichtsdestotrotz war es für dieses Buch recht nützlich, all diese Erfahrungen gemacht zu haben. So kann ich Ihnen sowohl horrorträchtige als auch witzige und lehrreiche Anekdoten berichten. An dieser Stelle möchte ich mich natürlich nochmals ganz herzlich bei meinen Freundinnen bedanken, die mir von ihren Erfahrungen mit den Männern erzählt haben. Welch herrlicher Nachhilfeunterricht in Sachen Traumprinzensyndrom!

Ferner ist festzuhalten, daß man vor den Männern einfach nicht genug warnen kann. Dafür sind sie einfach zu sehr daneben. Wer von Ihnen könnte nicht seitenlange Berichte darüber abgeben, wie sehr die Jungs uns leiden lassen.

Eines kann man ja zum Glück auch sagen: Obwohl es im Prinzip eine traurige Angelegenheit mit den Männern ist, kann man trotz allem über sie lachen. Ich hoffe, das haben wir die ersten neun Kapitel lang auch recht häufig getan und unsere ganz persönlichen Lehren aus allen Vorkommnissen gezogen!

Genug der Abscheifungen! Warum ich heute eine andere Einstellung zum Thema glückliche Beziehung habe als noch vor einem Jahr? Tja, Sweethearts, das ist eine Geschichte wie aus Hollywoods Traumfabrik – und das, obwohl ich immer wieder betone, daß es Märchenprinzen nur im Märchen gibt. Aber Ausnahmen bestätigen ja bekanntlich die Regel. Urplötzlich und völlig unerwartet erschien ein Mann am Horizont, den ich selber nicht besser hätte klonen können. Er hatte alles das, wovon ich schon glaubte, es bei einem Mann niemals zu finden. Er sah gut aus, war lieb und zärtlich und perfekt in puncto Haushalt – sowie auf anderen nicht unwichtigen Gebieten! Endlich einmal ein Mann, an dem man wachsen kann. Eine Beziehung, von der beide profitieren, ist wunderbar. Das läßt alle anderen Kerle neben ihm verblassen.

Es stimmt wirklich: Wenn man nicht auf der Suche nach einem Mann ist, laufen einem die besten Exemplare gleich dutzendweise über den Weg. Wahrscheinlich liegt das daran, daß man in solch einer Phase lockerer und unverkrampft wirkt. Darauf stehen Männer nun mal.

Hier nun die Zutaten für eine glückliche Beziehung.

Die Mischung macht's

Meine Großtante Hortense – eine rotblonde Schönheit russisch-französischer Abstammung – war für ihre wahrlich göttlichen Torten und Kuchen berühmt. Die Rezepturen hielt sie streng geheim. »Die richtige Mischung der Gewürze ist das wichtigste!« Mehr ließ sie sich nicht entlocken.

Wie bei den Gewürzen kommt es auch bei der Kombination von Mann und Frau auf die richtige Mischung an.

Ein gutes Beispiel hierfür sind meine Freundin Kerstin und Swen. Sie ist eine schwierige Frau und ihr Freund Swen – mit Verlaub – ein Brechmittel. Trotzdem sind die beiden seit über fünf Jahren glücklich miteinander. Es scheint wirklich so, als hätten sich beide gesucht und gefunden. Die Mischung aus schwierig und noch schwieriger geht hier wohl auf.

Meine Mutter ist ein liebes Schäfchen, während mein Vater überaus aktiv und das genaue Gegenteil von ihr ist. Die beiden fahren in Kürze nach Salzburg, um dort ihre goldene Hochzeit zu feiern. Hier scheinen es eher die Gegensätze zu sein, die sich anziehen.

Die falsche Kombination von Charakteren kann offenbar Höllenfeuer entfachen, während die richtige Mischung den Himmel auf Erden bringt. Leider läßt sich kein allgemeingültiges Patentrezept nennen. Manchmal sind es Gegensätze, die sich anziehen, ein anderes Mal machen Ähnlichkeiten im Charakter das Glück aus.

Für mich selber gesprochen, brauche ich einen Mann, der viele Gemeinsamkeiten mit mir hat. Als ausgesprochen harmoniebedürftig, wundert es nicht, daß ich nicht die Gegensätze suche. Ich brauche keinen Mann, der mich am Händchen nimmt und mich durchs Leben führt. Oder mir gar Vorschriften macht. Das wäre nun wirklich das letzte, wovon ich träume.

Schauen Sie sich bei nächster Gelegenheit einmal um, und analysieren Sie die diversen Mischungen, die es gibt. Ihre beste Freundin und deren Partner, welche Mixtur ist das? Oder die schrille Nachbarin mit dem ruhigen Zeitgenossen an ihrer Seite, warum leuchtet deren Teint immer so rosig? Was ist mit Ihnen selbst? Haben Sie den Mann an Ihrer Seite, mit dem zusammen die Mischung stimmt? Macht er Sie glücklich? Oder haben Sie schon seit längerer Zeit jenes unbestimmte Gefühl, daß dieser Knabe nicht das richtige Gewürz im Rezept Ihres Lebens ist?

Die eigene Partnerschaft hin und wieder auf die richtige Mischung zu untersuchen sollte zum standardmäßigen Check-up gehören. Sicherlich fällt es schwer, sich einzugestehen, daß etwas nicht so ist, wie wir es gerne hätten. Entscheiden Sie spontan, welche Ingredienzen Sie in Ihrer Mixtur vermissen. Fehlt dem Knaben an unserer Seite der Pfeffer, müssen wir uns fragen, ob er trotzdem über die richtige Würze verfügt. Falls nicht, müssen wir eben unsere Konsequenzen aus dieser faden Mixtur und ihn von dannen ziehen lassen.

Der richtige Mann zur richtigen Zeit

Mit zwanzig träumte ich von einem wilden Italiener, der mich dreimal täglich aufs Bett zerrt und mir die wildesten Dinge ins Ohr raunt.

Das ist für mich heute nun wirklich das letzte, was ich brauche. Diese halbgaren Bürschchen sind für mich nicht mehr das Maß aller Dinge.

Sie kennen das Gefühl sicherlich auch, wenn man ein altes Fotoalbum herauskramt und das Bild eines früheren Schwarms entdeckt. So erging es mir kürzlich, als mir drei Fotos von Ex-Schwärmen auf einen Schlag in die Finger fielen. Einer war schlimmer als der andere. Ich weiß heute beim besten Willen nicht mehr, warum ich damals so verrückt nach ihnen war. Was habe ich nicht alles angestellt, um den Jungs zu gefallen – eine Methode, die ich nie mehr anwenden und zu der ich niemandem raten würde.

Nummer eins war Mike, der Biker, damals der Schwarm aller Mädchen. Heute frage ich mich, ob es wohl nicht eher sein Image als der Kerl selbst war, was mich anzog. Ich tat damals genau das, was ich heute verurteile. Entweder man liebt einen Mann oder nicht. Aber nur sein Image toll finden?

Auf dem nächsten Foto grinste mich Nummer zwei an: Juan, ein feuriger Spanier mit einem Körper wie Apollo. Diese göttliche Verpackung würde mir heutzutage wohl auch noch zusagen, aber charakterlich betrachtet, war dieser Mann einfach indiskutabel. Als ob ich damals schon geahnt hätte, daß er eine persönliche Strichliste seiner weiblichen Eroberungen führte!

Nummer drei war die Krönung: Ralph, ein verkiffter Künstler, den ich irgendwann Anfang der Achtziger in London aufgetan hatte. Er sah ein bißchen wie Jeremy Irons aus und war eigentlich ganz witzig und interessant, aber er hatte einen dermaßen enormen Schaden, daß mein innerer Sturmmelder eigentlich jeden Tag hätte Alarm schlagen müssen. Während stundenlanger spiritistischer Sitzungen sprach er mit Verstorbenen und sah das Tageslicht oftmals mehrere Wochen nicht, weil er erst gegen abend aus dem Bett kam.

Alles im Leben ändert sich, also auch wir und unser Geschmack in puncto Männer. Die Jungs, die ich heute toll finde, hätte ich früher wahrscheinlich noch nicht einmal bemerkt. Heute sieht das Nonplusultra an Mann für mich völlig anders aus als noch vor zwanzig Jahren. Ich bin nun eher den Männern zugetan, die zärtlich und lieb sind sowie einen intellektuellen Einschlag haben. Früher reichte es aus, wenn er gut aussah und witzig war. Ob es wohl mal wieder ein Vorbote von kommender Altersweisheit ist, daß ich heutzutage auch auf geistiger Ebene ein gewisses Potential erwarte?

Wir sehen, daß unser momentaner Seelenzustand und der Knabe, der uns über den Weg läuft, übereinstimmen müssen. Dann ist er entweder *Mister Right Guy* für uns, so daß einer stürmischen Geschichte nun nichts mehr im Wege steht, oder aber die Sache verläuft im Sande, bevor sie überhaupt begonnen hat.

Ich wünsche Ihnen viel Glück dabei, den richtigen Mann zur richtigen Zeit kennenzulernen!

Miteinander reden können

Dieser Punkt ist einer der wichtigsten in einer glücklichen Partnerschaft, wenn nicht sogar der wichtigste überhaupt!

Schauen wir uns solche Paare an, die schon seit langer Zeit zusammen sind. Hierbei lassen sich zwei Gruppen unterscheiden: diejenigen, die sich seit Jahren nichts mehr zu sagen haben und nur noch nebeneinander herleben, und diejenigen, die vom ersten Tag an miteinander im Gespräch waren und es bis heute geblieben sind. Diese Paare haben es wirklich gut getroffen. Sie sind aneinander gewachsen und haben von ihrem gemeinsamen Lebensweg profitiert.

Das wünschte ich auch von meiner Freundin Evelyn sagen zu können, aber leider ist ihr diese Erfahrung bislang noch nicht vergönnt gewesen. Das liegt vor allem daran, daß sie sich immer an Männer hängt, bei denen sie vor allem eines findet: Sex. Das ist zwar nett, aber die Qualitäten der Knaben sollten sich nicht darin erschöpfen. So prosaisch es auch klingen mag, aber leider wird Sex sehr schnell zur Gewohnheit – im schlimmsten Fall langweilig.

Am ersten Tag, als ich meinen heutigen Partner kennenlernte, stellten wir fest: Prima, wir können stundenlang miteinander reden! Tatsächlich dauerte unser erstes Date bis in die frühen Morgenstunden, ohne daß wir miteinander im Bett landeten. Da wußte ich sofort: Der ist es! Die Sache mit dem Sex kam etwas später, dafür aber um so heftiger.

»Was um Gottes willen findest du eigentlich immer wieder an diesen intellektuellen Jungs?« fragte mich meine Bonner Freundin Steffi in den vergangenen Jahren immer wieder. Meine Gegenfrage ist wohl klar: »Was findest du an den Knaben, die nur Sex abliefern?« Zu einer abschließenden Antwort sind wir bis heute nicht gekommen, wissen aber eines: Da wir in puncto Männer nie denselben Geschmack hatten (und auch nie haben werden), kommen wir uns nicht ins Gehege, und unsere Freundschaft kann durch keinen Mann der Welt gestört werden.

Nichtsdestotrotz lege ich Ihnen folgenden Rat wärmstens ans Herz: Suchen Sie sich einen Partner, mit dem Sie stundenlang reden können. Und zwar über alles!

Schon in jungen Jahren stellte ich mir vor, wie es einmal sein würde, alt zu sein. Ich bewunderte die alten Paare, die ich im Bois de Bologne in Paris sah. Sie lachten, scherzten und redeten fröhlich miteinander. Einmal sprach ich eine reizende Dame an, die um die Achtzig gewesen sein muß. Nach dem Geheimnis ihres nun bereits über fünfzig Jahre währenden Eheglücks befragt, schmunzelte sie: »Ach wissen Sie, chérie, mein Pierre und ich haben vom ersten Tag an immer miteinander geredet. Ich vertraute ihm meine Gedanken an und er mir seine. Dadurch sind wir zusammengewachsen und bis heute so glücklich wie am ersten Tag!«

Das rührte mich sehr. Obwohl ich damals erst neunzehn war, nahm ich mir vor, dasselbe auch einmal von mir behaupten zu können, wenn ich als Achtzigjährige in irgendeinem Park der Welt mein Altersglück an der Seite eines netten Partners genießen würde. Es hat dann zwar leider etwas länger gedauert, fündig zu werden, aber den passenden Mann habe ich ja nun – und Parks gibt es rund um den Globus genug!

Sich so geben, wie man ist

Jungs sind das schönste Spielzeug, das wir uns wünschen können. Wir merken ständig aufs neue, wie wunderbar sie sich manipulieren lassen oder wie schwer von Begriff sie sind. Bei einigen fällt der Groschen wirklich pfennigweise.

»Warum kann man sich nicht einfach so geben, wie man ist, und wird trotzdem noch von ihnen vergöttert?« jammerte mir meine Freundin Yasmeen mehr als einmal die Ohren voll. Ich tröstete sie, denn genau das sei auch jahrelang mein Problem gewesen. Wie froh bin ich, daß für mich endlich eine neue Ära angebrochen ist. Heute kann ich die 3-L-Frau sein, die ich bin: lustig, lieb und lebensfroh.

Vor Jahren hatte ich einmal einen Freund namens Martin, der etwas aus mir machen wollte, was ich nie war und auch nie sein möchte: eine Kumpelfrau in Jeans, die mit ihm auf den Fußballplatz oder auch mal in die Kneipe geht. Leider unterlag ich dem großen Irrtum, zu denken, daß ich diese Rolle auf Dauer spielen könnte. Der Mann schien es mir jedenfalls wert, ihn glücklich zu machen, und eine Weile waren wir es dann auch.

Für eine kurze Zeit ging die Rechnung auf: Jeans standen mir gut, im Fußballstadion lachte ich mich halbtot über die schreienden Fans, und in der Kneipe konnte ich meine Studien am männlichen Objekt machen.

Doch eines Tages kam dann das böse Erwachen: Anstatt in Jeans kreuzte ich in einem meiner heißgeliebten Mugler-Kostüme auf. Martins verstörten Blick hätten Sie sehen müssen. Mir war urplötzlich bewußt geworden, daß ich mich nicht die Bohne für Fußball interessiere. Von Kneipen hatte ich fürs erste auch genug. Ich wollte mal wieder in einem urgemütlichen kleinen Lokal bei romantischem Kerzenlicht und einem gepflegten Essen sitzen.

Martin fiel aus allen Wolken: Plötzlich stand eine völlig andere Frau vor ihm. Ich war selbst schuld, hatte ich ihm doch eine Frau vorgeschwindelt, die es außer in seiner Phantasie nicht gab.

Lassen wir also solche Spielchen besser sein. Halten wir lieber Ausschau nach dem Mann, bei dem wir einfach wir selbst sein dürfen.

Sich zu verstellen mag ja vielleicht eine Zeitlang gutgehen, aber selbst wenn es klappt, ist es sehr unbefriedigend – und zwar für alle Beteiligten.

Geben wir uns so, wie wir sind: atemberaubend, bombastisch und charismatisch!

Neid

Pfui Teufel, ich hasse nichts so sehr wie diese menschliche Untugend! Warum sollte ich neidisch auf andere sein? Ich gönne jedem, daß er glücklich ist, einen guten Job oder ein tolles Auto hat. Warum auch nicht!

Neid unter Frauen finde ich schon schlimm, aber noch schlimmer ist der Neid unter Partnern. Während der Zeit, in der ich als Model arbeitete, hatte ich zwar viele Männer im Schlepptau, aber auf Dauer konnte keiner damit leben, daß ich erfolgreicher war als sie und mehr Geld auf dem Konto hatte. Einer war sogar neidisch darauf, daß ich mehr Füllung im Dekolleté besaß als er. Aber das ist wieder eine andere (transsexuelle) Geschichte.

Noch schlimmer kam es einige Jahre später, als ich den Vertrag für mein erstes Buch unterschrieb. Mein damaliger Partner sagte zu mir, er könne im Schatten einer erfolgreichen Frau nicht leben. Als die erste Fanpost eintraf (von Frauen wie von Männern), wurden seine Neidgefühle noch mehr: »Guck mal an, meine Ela mausert sich zur Sexgöttin!«

Ich war der Meinung, daß solch ein Mann kein Teil meines Lebens sein sollte. Ich setzte diese Erkenntnis in die Tat um, indem ich ihm half, seinen Koffer zu packen. Nachdem ich das ja jahrelang selbst praktiziert hatte, fand ich diesen Rollentausch zur Abwechslung sehr befriedigend! Es wird Sie jetzt sicherlich nicht wundern, daß ich diesem neidischen Zeitgenossen keine einzige Träne nachgeweint habe.

Eines war mir von da an klar: Für den nächsten Mann in meinem Leben sollte das Wort Neid ein Fremdwort sein!

Warum kommen die Knaben eigentlich auch heutzutage so

schlecht mit dem Erfolg von uns Frauen klar? Man sollte doch wirklich denken, die althergebrachten Rollenklischees würden schon lange der Vergangenheit angehören. Doch weit gefehlt!

Jedenfalls steht für mich fest, daß Neid unter Partnern ein untrügliches Zeichen dafür ist, daß dieser Mann unser Leben auf keinen Fall bereichert. Für mich kommt nur ein Mann in Frage, der an meiner Seite steht, wenn mir etwas gut gelungen ist und ich mich über diesen (manchmal hart erarbeiteten) Erfolg freue.

Umgekehrt sollte das natürlich auch gelten: Freuen wir uns mit ihm, wenn er Erfolg hat und Dinge auf die Beine stellt, für die andere Jahrzehnte bräuchten!

Zum Schluß kann ich mir einen kleinen, aber feinen Seitenhieb nicht verkneifen: Warum sollten wir Frauen wohl auch neidisch auf Männer sein? Schließlich wissen wir doch, wie die Kerle sind – und so wollen und werden wir niemals sein!

Seine Freunde

Das erste Treffen mit Martins Freunden war der Reinfall schlechthin! Wir hatten uns mit seiner Clique verabredet, die sich während des gemeinsamen Studiums der Betriebswirtschaftslehre in Paderborn gebildet hatte.

Diese Truppe bestand nur aus Jungs (Jüngelchen würde sie treffender beschreiben), die keine Partnerin hatten. Was mich aber keineswegs wunderte, nachdem ich sie näher kennengelernt hatte. Bei dieser Männerriege hätte wohl jede halbwegs vernünftige Frau dankbar verzichtet.

Was mir sehr unangenehm auffiel, war der rauhe und unfreundliche Umgangston zwischen ihnen. Anstatt sich zu freuen, Freunde zu haben, lästerte jeder über jeden und berichtete von geistigen und moralischen Ausfällen während diverser Partys. Überhaupt schien es so, daß die Studienzeit dieser Knaben eher mit *dolce vita* angefüllt war als mit dem Besuch der Universität. Aber Männer sind ja ohnehin von der fixen Idee besessen, die Intelligenz sei ihnen bereits in die Wiege gelegt worden und die Tätigkeit des Lernens somit völlig überflüssig. Wenn sie sich hier mal nicht wieder ganz derbe auf dem Holzweg befinden!

Lange Rede, kurzer Sinn: Dieses erste Treffen war recht unerfreulich, und ich verspürte keine große Lust, diese verdrehten Kerle jemals wiederzusehen. Für Martin stellten sie jedoch einen Teil seines Lebens dar. In der ersten Zeit ging ich also zähneknirschend mit, obwohl ich mich selten so unwohl in einer Runde gefühlt hatte.

Der Höhepunkt ereignete sich auf einer gemeinsamen Silversterparty. Keiner der Jungs hatte es bislang zustande gebracht, eine Freundin zu finden. So war ich die einzige Frau bei diesem denkwürdigen Neujahrstreff. Aus einem unerfindlichen Grund waren die Herren der Meinung, ich müsse ihnen den Jahresbeginn versüßen. Ich hingegen wollte niemandem etwas versüßen und war – im Gegenteil – sogar recht sauer. Da es in meiner Beziehung zu Martin schon lange kriselte, faßte ich direkt an diesem 1. Januar einen guten Vorsatz für das neue Jahr: ein Leben ohne ihn zu führen. Es wurde übrigens ein wundervolles Jahr: keine Tränen, keine Sorgenfalten und vor allem nicht mehr die Gesellschaft seiner völlig verstörten Freundesriege, bei der jede Hilfe oder Therapie zwecklos gewesen wäre.

Vollkommen anders verlief das Zusammentreffen mit den Feunden meines heutigen Partners. Wir verstanden uns auf Anhieb prächtig, haben zusammen gelacht, aber auch ernste Gespräche führen können.

Nach diesem Abend schlief ich beruhigt ein. Mein letzter Gedanke, ehe ich in einen von süßen Träumen erfüllten Schlaf glitt, war: »Na wundervoll, hier scheint ja dieses Mal wohl alles gutzugehen.« Ich behielt recht!

Wenn Sie also einen neuen Mann in Ihr Leben lassen, werfen Sie nicht nur einen kritischen Blick auf seine Familie, sondern auch auf seinen Freundeskreis. Der sagt viel über seine zwischenmenschlichen Vorlieben aus. Ob wir mit seinen Freunden so wie mit ihm klarkommen werden, zeigt sich sehr schnell.

Das liebe Geld

Meine Freundin Eva war rot vor Wut. Sie ließ sich kaum beruhigen. Ihr Alex hatte mal wieder das gemeinsame Konto überzogen, und zwar recht gründlich. »Ich weiß mir wirklich keinen Rat mehr, Ela. Was soll ich ihm denn noch alles erzählen, damit er endlich damit aufhört, das Geld aus dem Fenster hinauszuwerfen?« Ich mußte schmunzeln, denn es war nicht das erste Mal, daß ich mir diese Geschichte anhörte. Da ich auch keinen Rat mehr wußte, nahm ich Eva bei der Hand und ging mit ihr in die nette kleine Sparkasse (die übrigens einen schnuckligen Kassierer hat, aber das ist wie immer eine völlig andere Geschichte). Eva richtete sich ein eigenes Konto ein und ließ ihr Geld vom alten Konto auf das neue überweisen. Da wir gerade so schön dabei waren, alles zu erneuern, gingen wir auch gleich zu meinem Lieblingsfriseur.

Der gute Alex fiel aus allen Wolken: das erste Mal beim Blick auf ihre neue Frisur, das zweite Mal beim Blick auf den Kontoauszug, der nun nicht mehr Evas Gehaltsüberweisung auswies, und das dritte und letzte Mal beim Blick in die fast leere Wohnung. Zu guter Letzt hatte Eva nämlich auch noch eine reizende Maisonettewohnung gemietet, um dort ihr Leben ohne Alex zu genießen.

Was Eva aus dieser Geschichte gelernt hat, möchte ich auch Ihnen ans Herz legen: Beim Thema Geld ist Schluß mit lustig. Selbst wenn man sich noch so gut mit einem Mann versteht, sollte man die Finanzen stets trennen. Behalten Sie Ihr eigenes Konto, teilen Sie sich die laufenden Kosten, und bleiben Sie so unabhängig. Positiver Nebeneffekt: Der Streit ums liebe Geld wird so nie zum Thema zwischen Ihnen, und Sie können sich statt dessen auf andere Dinge konzentrieren. Es wird Ihnen doch bestimmt das eine oder andere einfallen, nicht wahr?

Zeit für sich haben

Sie kennen das Gefühl: Man hat einen tollen Mann kennengelernt, und die Schmetterlinge im Bauch kribbeln so schön! In dieser Phase wäre man am liebsten immer mit ihm zusammen. Das ist verständlich, aber Vorsicht: Lassen Sie sich nicht zu sehr vereinnahmen. Am Ende wird er nämlich beleidigt reagieren, wenn Sie plötzlich Zeit für sich beanspruchen, mal wieder alleine mit Ihrer besten Freundin shoppen gehen oder einfach nur mal Ihre Ruhe haben wollen.

Daher stellen Sie die Weichen von vornherein in die richtige Richtung! Auch wenn es in den ersten Wochen sicher schwerfällt, schaffen Sie sich von Anfang an Freiräume. Das traditionelle Montagstreffen mit Ihren Freundinnen absagen? Kommt ja gar nicht in die Tüte! Solch eine Institution ist ein Heiligtum und sollte beibehalten werden! Oder gehen Sie einmal pro Woche zum Töpferkurs, lernen Spanisch oder lassen Ihre Seele in einem Seminar über mittelalterliche Malerei baumeln? Na wundervoll, gehen Sie bitte auch weiter dorthin. Es bleibt dann ja immer noch genügend Zeit übrig, die Sie dem Mann Ihres Herzens widmen können.

Andererseits ist es auf jeden Fall positiv zu sehen, wenn er seine Zeit mit uns verbringen möchte. Einen Kerl, bei dem das nicht so war, lernte ich vor vielen Jahren kennen. Jochen hatte dermaßen viele Hobbys, daß er sich um nichts anderes kümmern konnte. Montags Squash, dienstags Skat, mittwochs ein Seminar über Aktien und Geldanlage, am Donnerstag dann Badminton, freitags das Treffen mit seinen Freunden und als Krönung der Woche am Samstag noch ein bißchen Fußball. Den Sonntag hatte er ganz mir gewidmet – wie rührend! Ich sah mir dieses Spiel genau zwei Wochen an und nahm mir dann für den Sonntag ein Treffen mit André vor, so daß leider keine Zeit für Jochen war. Das gefiel mir so gut, daß ich es die nächsten Sonntage wiederholte – so lange, bis Jochen verstanden hatte, daß ich von nun an auch keine Zeit mehr für ihn erübrigen konnte.

Parole: Augen auf!

Bei manchen Frauen ist es aber auch wirklich zum Verzweifeln: Sie sehen die nettesten Kerle einfach nicht!

Dabei denke ich auch an meine Freundin Steffi. Erst letzte Woche waren wir in einem dieser netten Szeneläden. Am Nebentisch saßen drei nette Jungs. Sie flirteten auf Teufel komm raus mit ihr, aber sie merkte von alldem nichts. Es passierte nicht zum ersten Mal, daß sie absolut blind für das war, was um sie herum geschah. Für mich, die nichts lieber tut, als offen für alles zu sein und zu beobachten, was um mich herum vorgeht, war das natürlich unfaßbar!

Welchen von diesen drei Männertypen möchten Sie gerne kennenlernen: den blonden Peter mit dem jungenhaften Grinsen, den verführerischen Carlo mit seinem Faible für schwarze Klamotten oder den intellektuellen Adam, der uns hinter seiner Hornbrille so nett anlächelt?

Haben Sie »alle drei« gesagt? Herzlichen Glückwunsch, Sie haben nämlich goldrichtig verstanden, was ich Ihnen sagen möchte. Halten Sie stets die Augen offen – und sich somit alle Möglichkeiten, neue Jungs kennenzulernen. Es gibt die unterschiedlichsten Typen, und wir sollten sie ruhig alle etwas näher beschnuppern, sonst werden wir niemals erfahren, was uns eventuell durch die Lappen geht.

Vor einem Fehler, den Steffi bereits seit Jahren macht, möchte ich an dieser Stelle eindringlich warnen: Viele Frauen haben anstelle eines offenen und wachen Blickes für die Jungs nur das Bild ihres Traummannes vor Augen. Es legt sich wie eine Schablone vor all die netten Jungs, die ihnen begegnen. Sie sehen dann leider nicht mehr richtig.

Mein Gott, Steffi, wie oft muß ich dir noch sagen, daß es den Mann, den du dir erträumst, nur im Land der Märchen, der Hollywoodfilme oder in einer geklonten Zukunft gibt? Bitte tu mir doch den Gefallen und riskiere auch mal einen Blick auf die Jungs, die ich dir während unserer Ausflüge ins Nachtleben ans Herz lege!

Vertrauen ist alles

»Wo ist denn Georg bloß schon wieder?« fragte meine Freundin Ira entnervt und schaute nervös quer durch das Lokal, in dem wir zum Abendessen verabredet waren. Die Tatsache, daß ich ihn erst zwei Minuten vorher knutschenderweise mit einer rassigen Brünette vor der Damentoilette gesehen hatte, verschwieg ich ihr in diesem Augenblick. Zumal Ira bereits ahnte, daß ihr lieber Georg mal wieder vom Pfad der Tugend abgewichen war. Bereits seit Monaten gab es kein Vertrauen mehr zwischen beiden – der Anfang vom Ende!

Meiner Freundin Miranda ergeht es auch nicht besser – leider. Ihr Peter hatte noch nie Vertrauen zu ihr, was allerdings völlig unbegründet ist, da sie die Treue und Zuverlässigkeit in Person ist. Er aber vermutet hinter allem, was sie tut, eine Affäre. Jeder Anruf wird argwöhnisch beobachtet. Mich wundert, daß er ihre Post nicht durchleuchtet! Ich gebe beiden auch nur noch kurze Zeit, bis sie sich trennen werden.

An dieser Stelle kann ich Ihnen nur folgenden Rat geben: Eine Beziehung ohne Vertrauen ist wie Schokoladenpudding ohne Süße – einfach unerträglich – und sollte daher noch nicht einmal ersatzweise auf Ihrem Speiseplan stehen!

11. Kapitel
Der Endspurt

»Die Geschichte aller bisherigen Gesellschaft ist die Geschichte von Klassenkämpfen.«
Karl Marx (1818–1883)

Wie dressiert man Kerle am besten?

Carsten war ein netter Kerl, aber überhaupt nicht mein Typ. Er hatte mich auf die größte Freßparty des Jahres eingeladen. Obwohl der Spaß nicht gerade billig war, übernahm er alle Rechnungen. Ich hatte durchaus ein schlechtes Gewissen, da ich ihn, wie gesagt, einfach nur nervig fand und ihn das auch ganz deutlich spüren ließ.

Anstatt mich auf unser Gespräch zu konzentrieren, schaute ich in der Weltgeschichte herum, beobachtete die Leute, zog mir in seiner Gegenwart die Dietrich-Lippen nach und hatte nur noch den Wunsch, ihn loszuwerden!

Seit Wochen versuchte er, mich für sich einzunehmen, leider ohne jeglichen Erfolg. Seine Geschenke verfehlten ihre Wirkung auf der ganzen Linie: Egal, ob Pralinees, Seidenunterwäsche in meiner Lieblingfarbe Blau oder Eintrittskarten fürs Theater, es wollte ihm einfach nicht gelingen. Doch je mehr ich ihm die kalte Schulter zeigte, desto heißer wurde er. Obwohl ich ihm deutlich gesagt hatte, daß ich eine Freundschaft mit ihm okay finde (aber eben nicht mehr), machte er sich mehr Hoffnungen denn je.

Es ist traurig, meine Lieben, aber ich sagte es ja bereits an anderer Stelle: Je schlechter wir die Jungs behandeln, desto handzahmer werden sie. Vor allem jedoch verrückt nach uns!

So, wie ich die Kerle einschätze, scheint eine schlechte Behandlung den Jagdtrieb in ihnen zu wecken. Auch wenn es schwerfällt, lohnt es sich, die Knaben schlecht zu behandeln – oder sie einfach zu ignorieren.

Dieser Trick klappt hundertprozentig, glauben Sie es mir. Woran das liegt, wird uns wohl ein ewiges Rätsel bleiben. Die genauen Ursachen hierfür ergründen zu wollen ist völlig überflüssig. Schließlich kann man es nicht oft genug betonen: Männer sind einfach nicht logisch zu erklären, weil sie eben – wie gesagt – Männer sind!

Schauen wir uns im folgenden an, wie wir am besten bei der Dressur am lebenden Mann vorgehen. Die besten Tricks und Kniffe sind die mit der größtmöglichen Wirkung auf die Jungs. Seien Sie gespannt, wie einfach es ist, daß die Knaben uns aus der Hand fressen, uns mit Geschenken überhäufen oder einfach nur süchtig nach uns werden.

Ignorieren ist die beste Medizin

Probieren Sie es gleich bei Ihrem nächsten Date aus: Der Kerl sollte einfach Luft für Sie sein! Benehmen Sie sich schlicht und ergreifend so kühl wie Catherine Deneuve on the rocks.

Unterstreichen Sie die Wirkung mit dem passenden Outfit: Ein eisgekühltes Cocktailkleid oder ein rabenschwarzer Overall kommen immer wieder gut!

Ihr Verhalten sollte völliges Desinteresse bekunden. Geben Sie sich gelangweilt, und tun Sie so, als ob Sie nur mit halbem Ohr hinhörten. (In Wirklichkeit registrieren wir natürlich alles, es könnte ja ausnahmsweise etwas Interessantes über seine Lippen kommen.) Wenn alles nichts mehr hilft: Zücken Sie den kleinen Make-up-Spiegel und korrigieren Sie Ihr Make-up. Während der Lippenstift über Ihre Lippen gleitet, zeigen Sie ihm, daß es im Moment wichtigeres gibt als ihn.

Es klingt bizarr, aber der Knabe wird mit sofortiger Wirkung verrückt nach uns sein. So sind Männer nun mal!

Wie werden wir ihn wieder los?

Tja, meine Lieben, auch das gibt es: Da haben wir ein Jüngelchen gefunden, das auf uns abfährt, doch er geht uns damit seit Wochen auf die Nerven!

Meine Freundin Tanja hatte so ein Exemplar entdeckt. Bereits nach zwei Wochen fing der Kerl an, sie zu nerven. Er wollte dies mit ihr gemeinsam unternehmen und jenes zusammen tun. Als Tanja überhaupt keine Zeit mehr für sich alleine hatte, klingelten alle Alarmglocken bei ihr, und sie rief bei mir an. »Zieh sofort die Notbremse, Sweetheart«, riet ich ihr. »Ja, wie denn? Ich werde ihn einfach nicht mehr los!« meinte sie resignierend.

Es gibt Momente, da hilft nur noch folgende Therapie, die übrigens von meiner Freundin Eva entwickelt worden ist. Sie hat es darin bis zur Perfektion gebracht und schafft es heute spielend, sich einen Mann innerhalb einer Woche vom Hals zu schaffen. Dieser Trick funktioniert in drei Phasen:

Phase 1: Rufen Sie ihn morgens im Büro an, am besten direkt in der Frühstückspause. »Ich vermiß dich ja so sehr, wann kommst du heute abend zu mir?«

Phase 2: Wir rufen ihn ein zweites Mal an, diesmal direkt nach seiner Mittagspause: »Ich habe gerade an dich gedacht und wollte dir zwischendurch nur mal schnell sagen, wie sehr ich dich brauche!«

Phase 3: Ein letzter Anruf kurz vor Feierabend: »Was möchtest du heute abend essen? Ich wollte uns was Schnuckliges kochen.«

Am nächsten Tag lassen Sie dieses Anrufspiel von vorne beginnen. Wenn Sie eine gute Schauspielerin sind, geben Sie Ihrer Stimme bei diesen Anrufen einen schrillen Klang. Das mögen die Jungs überhaupt nicht.

Jetzt werden Sie mich bestimmt fragen, wie lange man braucht, bis diese Therapie Früchte trägt. Nun, bei ganz hartnäckigen Exemplaren kann es bis zu zwei Wochen dauern, bis sie genervt sind. Aber normalerweise haben die intelligenteren von ihnen binnen drei Tagen verstanden, daß sie uns in Ruhe lassen sollen.

Es ließe sich jetzt natürlich einwenden, daß man ihnen doch einfach sagen könnte: »Laß mich in Ruhe.« Das stimmt zwar, aber erstens sind die Knaben ja etwas schwer von Begriff – und zweitens macht es doch viel mehr Spaß, ihn mit dieser Telefontherapie zu ärgern, wo er uns die letzten Wochen doch schließlich auch genervt hat!

Lassen Sie sich bloß nichts einreden!

Wenn eine Liebe zu Ende gegangen ist, kommen wir in Versuchung, all das in Frage zu stellen, was er uns in den letzten Wochen erzählt hat.

»Du bist eine wirklich tolle Frau«, hatte Klaus meiner Freundin Mia immer wieder ins Ohr gesäuselt. Jetzt, wo er weg war, glaubte sie das nicht mehr. Die tolle Frau in ihr war an dem Tag gestorben, als Klaus seine Zahnbürste eingepackt hatte und aus ihrem Leben verschwunden war.

»Du bist verrückt«, beruhigte ich Mia, »rede dir bloß keinen Blödsinn ein. Wir wissen doch wohl alle, daß du eine tolle Frau bist – und zwar auch ohne diesen Vorstadtcasanova!«

Leider stimmt es häufig, daß wir dummen Mädels die Aussagen, die die Kerle über uns machen, verinnerlichen. Wenn er dann verschwunden ist, glauben wir, auch die uns zugesprochenen Attribute wären perdu – ein gefährlicher Irrtum.

Wenn dieses Buch, das Sie gerade in Ihren Händen halten, eine Botschaft hat, dann diese: *Es gibt nur einen Mittelpunkt unseres Lebens, und der sind wir selbst!*

Daran ändert kein Mann der Welt etwas, egal, wie toll er sein mag!

Für mich war es sehr schwer, mir diese Denkweise anzueignen, da ich beigebracht bekommen hatte, daß sich eine Frau für den Mann ihres Lebens aufzuopfern und nur für ihn dazusein hat. Nachdem ich damit aber mehrmals Schiffbruch erlitten hatte, stellte ich mir folgende Fragen:

Welchen Sinn gibt ein Mann meinem Leben?
Macht er mich glücklich?
Liebt er mich vorbehaltlos?
Kann ich auch ohne ihn leben?

In den meisten Fällen fielen die Antworten in der folgenden Reihenfolge aus:

keinen – nein – nein – ja!

Nachdem ich mir dieses Frage-und-Antwort-Spiel zur Gewohnheit gemacht hatte, war der Umgang mit Männern für mich um ein vielfaches einfacher geworden. Keiner der wunderbaren Jungs kann mich oder mein Lebensumfeld ins Wanken bringen. Dadurch bin ich selbständig, unabhängig und völlig immun gegen irgendwelche männlichen Manipulationsversuche.

Nach über dreißig Jahren, in denen mir die Knaben alles mögliche einreden wollten, wurde es ja auch mal Zeit, mich davon freizumachen. Versuchen Sie es auch. Es lohnt sich!

Die Schocktherapie

Wenn alles nichts mehr hilft, gibt es nur noch eines: die sogenannte Schocktherapie. Bereits vor vielen Jahren von mir entwickelt, ist sie nach wie vor und immer wieder eine todsichere Methode, selbst die verstocktesten Jungs zur Vernunft zu bringen.

Bei dieser Art der Männerheilung unterscheiden wir drei Stufen:

Stufe 1: Bei leicht bis mittelprächtig verstörten Fällen anzuwenden.

Hier genügt bereits ein leichtes Aufrütteln seiner zumeist ja sowieso nicht vorhandenen Gefühlswelt.

Zum Beispiel könnten wir für ein paar Tage ohne Voranmeldung einen netten Shoppingtrip mit unserer besten Freundin nach London machen und ihm eine nette Ansichtskarte schicken mit der Bemerkung, wie toll und galant die Londoner Jungs sind. Bei unserer Rückkehr haben wir ein diabolisch-seeliges Grinsen auf unseren Lippen und warten einfach ab, wie der Liebliche auf diesen ersten Therapieansatz reagiert.

Stufe 2: Das ist die verschärfte Version.

Wenn Stufe 1 ohne jegliche Wirkung auf den Knaben bleiben sollte, ist das der nächste Schritt in Richtung Besserung.

Für die nächsten Wochen sind wir für den zu heilenden Mann völlig unerreichbar. Ziehen Sie den Telefonstecker aus der Wand; und stellen Sie die Klingel ab. An den Orten, an denen Sie sonst sind, darf er Sie auf keinen Fall antreffen. Es ist auch gut, für diese Zeit bei einer Freundin zu wohnen. Falls das nicht geht, schalten Sie kein Licht zur Straßenseite hin an, sonst weiß er, daß Sie da sind und nur so tun als ob.

Selbst die hartgesottenen Exemplare bekommen es spätestens nach einer Woche mit der Angst zu tun. Ferner stellt sich die große Sehnsucht bei ihnen ein.

Nach einem Zeitraum, den Sie anhand des uns Frauen angeborenen Sinnes für das Angemessene festlegen, tauchen Sie urplötzlich wieder auf, so als ob nichts gewesen sei. Entweder ist der Kerl jetzt geläutert und wird sich zukünftig um Sie kümmern wie noch nie, oder Sie können ihn abhaken und verschwenden am besten nie mehr einen Gedanken an ihn.

Stufe 3: Die sollten Sie nur im absoluten Notfall anwenden, wenn wirklich nichts mehr hilft und man ihn nur noch (man verzeihe mir bitte diese rüde Ausdrucksweise) »absauen« kann.

Fahren Sie die stärksten Geschütze auf, die zur Verfügung stehen: Zuerst packen Sie besagten großen Koffer, von dem ich Ihnen so oft erzählt habe, und lassen Sie zum Abschied ein paar Nettigkeiten über seine Qualitäten als Liebhaber fallen.

Dann kommt etwas noch Gemeineres: Bandeln Sie mit seinem besten Freund an. Selbst wenn er genauso ein Brechmittel ist wie der Liebliche: Das sollte es Ihnen wert sein, Sie müssen ja nicht bis zum äußersten gehen.

Diese Art der Männerheilung wirkt garantiert und führt immer zum Erfolg. Wobei es – wie so oft im Leben – auch hier mehrere Möglichkeiten gibt:

1) Er wird absolut süchtig nach uns (was ihm jetzt aber auch nichts mehr nützt),

2) wir fragen uns, was wir je an ihm gefunden haben, und entdekken dabei ganz neue Perspektiven für unser Leben,

oder aber

3) er macht sich aus dem Staub, und wir können endlich wieder aufatmen.

Welch herrliche Kur für einen schönen Teint, gute Nerven und einen erholsamen Schlaf!

Soweit meine Gedanken zum Thema »Mann«.

Ich hoffe, es war kein allzu harter Brocken. Mit Sicherheit hatten Sie mehrmals Gelegenheit, herzlich zu lachen – und vor allem wundervoll abzulästern.

Bleibt mir nur noch, Ihnen alles Gute und viel Glück im Umgang mit diesen liebreizenden Wesen namens Mann zu wünschen.

Nehmen Sie diese Spezies niemals – und ich meine wirklich NIEMALS! – zu ernst, schonen Sie dabei Ihre Gesundheit, und bleiben Sie somit fit für den nächsten Mann in Ihrem Leben.

Zum Glück gibt es die vielen entzückenden und weniger entzükkenden männlichen Exemplare so häufig wie Sand am Meer – und Sie wissen ja, wie sehr ich das Meer liebe!

Nachwort

»Diejenigen, die ihre Meinung
nicht ändern können,
können gar nichts ändern.«
George Bernard Shaw (1856–1950)

Soll man sich überhaupt noch verlieben?

Ach, meine Lieben, was soll ich Ihnen sagen? Sich zu verlieben ist doch die schönste Sache der Welt. Was wäre das für ein Leben ohne Männer? Auch wenn wir uns über sie ohne Ende ärgern können, brauchen wir die süßen Kerlchen. Seien wir doch mal ehrlich!

Eine Zeitlang ist es sicherlich schön, morgens allein aufzuwachen, ohne in unserem Schönheitsschlaf gestört worden zu sein oder uns wieder über seine Marotte, die Zahnpastatube nie zuzudrehen, geärgert zu haben.

Doch dann kommt der Tag, an dem wir uns nichts sehnlicher wünschen, als mal wieder in den Armen eines Traumprinzen zu erwachen oder zu wissen, warum wir letzte Nacht nur zweieinhalb Stunden Schlaf hatten, uns aber trotzdem eines rosig-leuchtenden Teints erfreuen.

Wie schön können doch die Sätze: »Bist du endlich fertig? Ich möchte jetzt auch mal ins Badezimmer« klingen. Ach ja!

»Männer sind wie Schwalben.
Wenn sie abhauen wollen,
sind sie urplötzlich auf Draht.«

Meine Freundin Tina über ihre letzte Beziehung